Español en marcha 3

Curso de español como lengua extranjera

Guía didáctica

Francisca Castro Viúdez
M.ª Teresa Benítez
Carmen Sardinero Franco
Ignacio Rodero Díez

SOCIEDAD GENERAL ESPAÑOLA DE LIBRERÍA, S. A.

Primera edición, 2006

Produce SGEL – Educación
Avda. Valdelaparra, 29
28108 Alcobendas (MADRID)

© M.ª Teresa Benítez

© Sociedad General Española de Librería, S. A., 2006
  Avda. Valdelaparra, 29, 28108 Alcobendas (MADRID).

Diseño de cubierta: Fragmenta comunicación S. L.
Maquetación: Verónica Sosa y Leticia Delgado
Ilustraciones: Maravillas Delgado

ISBN: 84-9778-243-7
Depósito legal: M-33849-2006
Printed in Spain – Impreso en España.

Impresión: Impresión Amoretti S. L.

Queda prohibida, salvo excepción prevista en la Ley, cualquier forma de reproducción, distribución, comunicación pública y transformación de esta obra sin contar con la autorización de los titulares de la propiedad intelectual. La infracción de los derechos mencionados puede ser constitutiva de delito contra la propiedad intelectual (Art. 270 y ss. Código Penal). El Centro Español de Derechos Reprográficos (www.cedro.org) vela por el respeto de los citados derechos.

Contenidos

Introducción		5
UNIDAD 1	Gente	8
UNIDAD 2	Lugares	14
UNIDAD 3	Relaciones personales	20
UNIDAD 4	El tiempo pasa	26
UNIDAD 5	Salud y enfermedad	32
UNIDAD 6	Nuestro mundo	38
UNIDAD 7	Trabajo y profesiones	44
UNIDAD 8	Tiempo de ocio	50
UNIDAD 9	Noticias	56
UNIDAD 10	Tiempo de vacaciones	62
UNIDAD 11	Tiempo de compras	68
UNIDAD 12	Fiestas y tradiciones	74
Actividades en pareja		80
Examen unidades 1-2		99
Examen unidades 3-4		101
Examen unidades 5-6		103
Examen unidades 7-8		105
Examen unidades 9-10		107
Examen unidades 11-12		109
Solucionario de los exámenes		111

Introducción

Español en marcha 3 es el tercero de una serie de cuatro tomos que abarca los niveles A1, A2, B1 y B2 del *Marco común europeo de referencia*. Al final de este tomo los estudiantes podrán describir experiencias, acontecimientos, deseos y aspiraciones, así como justificar brevemente sus opiniones o explicar sus planes. Serán capaces de comprender textos no especializados sobre diversos temas y escribir cartas y textos sencillos sobre temas familiares o relacionados con su trabajo. También se les proporcionan recursos para desenvolverse en situaciones cotidianas, u otras que se les puedan presentar en países de lengua hispana.

Español en marcha está dirigido a estudiantes jóvenes y adultos que estudien en un país de habla hispana o en su propio país.

El *Libro del alumno*, junto con el *Cuaderno de ejercicios*, y la *Guía didáctica* del profesor, proporciona material para trabajar unas 120 horas de clase. Por su estructura flexible puede utilizarse tanto en cursos intensivos (de tres o cuatro horas diarias) como en cursos desarrollados a lo largo del año escolar.

Español en marcha está basado en una larga experiencia en clases de español e intenta responder tanto a las necesidades de los profesores como de los alumnos.

Componentes del Libro del alumno

El *Libro del alumno* se compone de

- 12 unidades de 10 páginas, organizadas en tres apartados (A, B y C) de dos páginas cada uno. Cada apartado constituye una unidad didáctica que contiene todos los elementos necesarios para permitir una buena asimilación de los contenidos presentados. A lo largo de cada clase el alumno tiene la oportunidad de desarrollar todas las destrezas: leer, escuchar, vocabulario, gramática, hablar y pronunciación, en una serie de tareas controladas, libres o semilibres.
- Un apartado, *Escribe*, destinado exclusivamente a trabajar la expresión escrita. Se ofrecen modelos de textos escritos, así como tareas intermedias donde se le proporcionan al aprendiz estrategias necesarias para que pueda producir diferentes tipos de textos.
- El apartado *De acá y de allá* contiene información del mundo español e hispanoamericano y tiene como objetivo desarrollar la competencia tanto sociocultural como intercultural del estudiante.
- El apartado *Autoevaluación* tiene como objetivo repasar, consolidar y comprobar la asimilación de los contenidos presentados y practicados en los apartados anteriores. El alumno tiene la posibilidad de autoevaluar su progreso mediante los descriptores del *Portfolio europeo de las lenguas*.

A continuación de las unidades encontramos como material complementario:

- Un modelo de examen del DELE, nivel inicial, para que los estudiantes puedan practicar dicha prueba.
- Una valiosa R*eferencia gramatical y léxico útil,* donde se explica la gramática de uso de cada unidad con lenguaje claro y accesible a los estudiantes de este nivel. También se recoge el vocabulario agrupado por temas.
- La transcripción del material audio que no está impreso en la unidad.
- Una tabla de verbos irregulares y los irregulares más importantes conjugados en los tiempos que se presentan y trabajan en este nivel.

Por último, el CD contiene las grabaciones correspondientes al *Libro del alumno*.

Componentes del Cuaderno de ejercicios

El *Cuaderno de ejercicios* tiene como objetivo consolidar la lengua presentada y practicada en el *Libro del alumno*. Se puede utilizar bien como trabajo en casa o para practicar más en clase.

Está organizado en tres apartados (A, B y C), siguiendo la misma división de contenidos del *Libro del alumno*. En cada apartado se practican varias destrezas.

Además, al final de las unidades hay un apartado llamado *Leer más*, en el que se presentan doce interesantes lecturas con actividades de comprensión, con el fin de que el aprendiz pueda entrenar su competencia lectora.

Componentes de la Guía didáctica

La *Guía didáctica* está pensada para proporcionar a los profesores un abanico de técnicas que les permitan hacer la clase más efectiva. A los profesores con experiencia se les ofrece gran cantidad de ideas y material extra de fácil aplicación.

Cada unidad de la *Guía didáctica* empieza con los objetivos de la unidad y una actividad de precalentamiento. Luego siguen las explicaciones metodológicas, que incluyen notas sobre gramática y funciones, las transcripciones de las grabaciones, y la clave de las actividades.

Después de la explotación didáctica de todas las unidades, encontramos seis exámenes fotocopiables para evaluar la progresión y, por último, 12 actividades fotocopiables para practicar oralmente en parejas.

Línea metodológica

Siguiendo con la filosofía de *Español en marcha 1* y *2*, somos conscientes de que las necesidades y experiencias de aprendizaje de los estudiantes pueden variar notablemente: desde personas que nunca han aprendido antes una segunda lengua, al lado de otros que tienen experiencia en varias lenguas. También los hay con diversos estilos: unos prefieren analizar cada frase antes de empezar a hablar y hay otros que se lanzan a la producción sin importarles la corrección. *Español en marcha* pretende atender a todos los estudiantes, dándoles la información necesaria para que comprendan y construyan el sistema gramatical español, y proporcionándoles abundante material auténtico para que lleguen a obtener fluidez. En este nivel ya se le exige al alumno que sea capaz de leer textos de tipología muy variada, todos ellos seleccionados en función de su pertinencia para el aprendizaje del español. Todavía hay que cuidar que el estudiante no se desanime con tareas superiores a su competencia y que adquiera confianza en el uso de la lengua.

VOCABULARIO

El estudiante de este nivel posee ya un repertorio léxico que le permite comunicarse en situaciones muy concretas, pero que debe ser consolidado y ampliado. En *Español en marcha* se presta atención especial a esta necesidad: revisión del vocabulario y presentación de vocabulario nuevo. Se presenta el vocabulario nuevo en contexto, se le ayuda con las imágenes y se trabaja de formas variadas (clasificación, relación, definición), al mismo tiempo que se intenta que el alumno active algunas estrategias (adivinación, memorización) que le permitan un aprendizaje más eficaz.

También se presentan gran cantidad de lecturas que permitirán a los estudiantes adquirir el vocabulario pasivo.

GRAMÁTICA

En *Español en marcha* la gramática se muestra siempre contextualizada, ya sea en una lectura, en conversaciones, en narraciones y en diferentes tipos de texto, como recetas de cocina, carteles, anuncios o artículos periodísticos.

Después de la presentación, los cuadros azules con los paradigmas de las formas permiten al estudiante observar los sistemas subyacentes de la lengua. A continuación, las actividades de práctica están cuidadosamente graduadas, desde las que son de reconocimiento de formas, hasta las de producción controlada y menos controlada. Esta progresión permite al estudiante asimilar gradualmente y sin esfuerzo el sistema formal español y su uso.

Las explicaciones de la *referencia gramatical* y las actividades del *Libro de ejercicios* contribuyen a la consolidación.

COMUNICACIÓN

Español en marcha 3 presenta las funciones comunicativas correspondientes a este nivel, bien en conversaciones de situación (*consultar a un médico, hablar de las condiciones de trabajo*), o bien a través de la gramática (*subjuntivo para expresar deseos*). Presuponemos que el estudiante quiere aprender la lengua para usarla en cualquier tipo de contextos y por eso tratamos de ofrecerle ejemplos y herramientas para que pueda desenvolverse en la vida real.

CONOCIMIENTO SOCIOCULTURAL Y CONSCIENCIA INTERCULTURAL

Dada la importancia de la cultura en el aprendizaje de una lengua extranjera, se presenta en un apartado específico como información útil para el alumno. El objetivo es doble, por una parte, que el estudiante conozca algunos aspectos de la realidad sociocultural del mundo español e hispanoamericano y, por otro lado, que reflexione sobre las diferencias entre su propia cultura y la hispana. Esta reflexión le llevará a la conciencia de que existen otras formas de mirar y de clasificar el mundo diferentes a las que hemos adquirido de niños. Conocer a los otros nos llevará en última instancia a conocernos mejor a nosotros mismos.

LECTURAS

Los autores de Español en marcha somos conscientes de la importancia de la lectura en el proceso de aprendizaje de la lengua, por ello, los textos, sacados principalmente de periódicos y revistas ocupan mucho espacio en nuestro manual. Estos aparecen con objetivos muy diversos: para presentar la lengua, para practicar la lectura propiamente, para aumentar el vocabulario, para practicar la gramática. Algunas están grabadas con el fin de proporcionar también práctica de comprensión oral. Casi todos los textos son de fuentes auténticas y contienen algunos términos desconocidos para este nivel, pero son útiles para construir la competencia lectora. Se les ayuda así a construir diversas estrategias de aprendizaje: deducir el significado por el contexto, formulación de hipótesis, uso del diccionario. Habitualmente el profesor puede ayudarles presentando de antemano los términos difíciles.

HABLAR

En todas las unidades didácticas se presentan actividades de práctica oral, semilibres y libres, y con diversas modalidades: en parejas, en grupo, ante toda la clase. Para reforzar esta destreza se han incluido las actividades en pareja de la Guía didáctica.

PRONUNCIACIÓN Y ORTOGRAFÍA

La pronunciación y ortografía están sistemáticamente presentadas y practicadas a lo largo de toda la serie, haciendo hincapié en la acentuación y entonación.

1

A. Vida cotidiana

> **OBJETIVOS**
>
> **Vocabulario:** Vida cotidiana y ocio.
> **Comunicación:** Hablar de rutinas y tiempo libre.
> **Gramática:** Expresar duración de un estado o actividad en el tiempo: *¿Cuánto tiempo hace que...? ¿Desde cuándo...?*

Antes de empezar

- El profesor invita a los estudiantes a mirar las fotos y nombrar las actividades que en ellas aparecen representadas: *"¿Qué hace cada uno en la foto?"*. Después, los alumnos tendrán que intentar reconstruir la vida cotidiana del profesor a partir de una lista de actividades en infinitivo y otra de expresiones de frecuencia que este ha escrito en la pizarra, diciendo qué creen que hace y con qué frecuencia. Esto sirve para repasar el presente y los marcadores de frecuencia. Después de que unos cuantos expresen sus conjeturas (puede hacerse en grupo y nombrar un portavoz), el profesor contará cuál es la verdad, y veremos quién ha tenido más aciertos.
  – *Yo creo que madrugas de lunes a viernes, que vas al gimnasio una vez por semana y...*

1. Puede hacerse la actividad por parejas y después algunos alumnos contarán al resto del grupo los hábitos de su compañero o bien los suyos. El profesor insistirá en que no deben escribir, sino tratar de hablar directamente. Pueden buscar ideas en las fotos, en la pizarra o en la lista de actividades del ejercicio 2.

2. Este ejercicio puede hacerse por parejas. Al corregir, los alumnos deben justificar sus respuestas.

> **1.** Rocío; **2.** Rocío; **3.** Carlos; **4.** Carmen; **5.** Fernando; **6.** Carlos; **7.** Rocío; **8.** Carmen; **9.** Carlos; **10.** Nadie; **11.** Fernando; **12.** Nadie.

3. Escuchan la audición para comprobar. El profesor o los mismos alumnos entre sí, como en una ronda, se van haciendo preguntas para corregir y para saber más de la vida cotidiana y actividades de cada uno. Así, se repasan las formas del presente:
– *¿Quién lee novelas, Chen?*
– *Rocío.*
– *¿Y quién hace la comida?*
– *¿Y tú, Reiner, también haces la comida?*
– *A veces, pero casi siempre la hace mi madre.*

> **1.** CARLOS, 12 AÑOS, ESTUDIANTE:
> A mí me gusta bastante jugar al fútbol, pero también estoy aprendiendo a tocar el piano, así que tengo que tocar todos los días. En verano me gusta ir a la playa.
>
> **2.** FERNANDO, JUBILADO, 67 AÑOS:
> Yo estoy jubilado, así que monto en bicicleta todos los días, también oigo las noticias de la radio y, muchas veces, hago la compra, pues a mi mujer no le gusta nada ir al mercado.
>
> **3.** ROCÍO, 20 AÑOS, DEPENDIENTA:
> A mí me encanta leer novelas, especialmente las policíacas, leo una a la semana. Veo las noticias de la tele y también me gusta mucho salir con mis amigos a tomar algo, sobre todo los fines de semana.
>
> **4.** CARMEN, 40 AÑOS, AMA DE CASA:
> Yo soy ama de casa, tengo cuatro niños, y normalmente hago los trabajos de la casa. Por la tarde estudio ruso en la escuela de idiomas y, en mis ratos libres, escucho música. Me gusta especialmente el jazz.

4. Escuchan de nuevo, hacen individualmente el ejercicio y corregimos.

> **1.** V; **2.** F; **3.** F; **4.** V; **5.** F.

HABLAR

5. El profesor remite a los estudiantes al cuadro de la página 7 y lo leemos entre todos. Sistematizamos en la pizarra las distintas maneras de responder, poniendo diferentes ejemplos.

¿Desde cuándo estudias chino?
Desde ┬ *niña.*
       ├ *1980 / enero / la semana pasada.*
       ├ *hace tres años.*
       └ *que conocí a Peng.*

- Se practica con algunos alumnos (dando algunos datos en la pizarra para que construyan frases, etc.) y después hacen el ejercicio 5: cada estudiante preguntará a varias personas. Después, un alumno da a la clase una información sobre un compañero, por ejemplo: *Lleva diez años casada.* Los demás tienen que adivinar quién es, haciendo preguntas:
  – ¿Eres tú, Julia?   – No, yo soy soltera.
  – Pues yo creo que eres tú, Clara.   – Sí, soy yo.

  El profesor realizará un ejemplo primero.

COMUNICACIÓN

6. Hacen el ejercicio individualmente y se corrige entre todos. Para que la corrección no sea tan mecánica y se mantengan atentos, el profesor puede pedir que transformen alguna frase para decir lo mismo de otra manera (*¿Cuánto tiempo hace que vives en esta ciudad? ¿Desde cuándo vives en esa ciudad?*).

> **1.** c; **2.** a; **3.** e; **4.** b; **5.** d.

7. Mientras hacen el ejercicio y lo corrigen después comparando con el del compañero, el profesor va pasando para comprobar que todo es correcto. Después podrá comentar ante todo el grupo lo que considere necesario (errores generalizados, etc.). El profesor hará ver a los alumnos que no siempre la frase admite ambas posibilidades (no podemos decir **¿Desde cuándo ha empezado la película?* porque *empezar* es una acción puntual, que ocurre en un momento exacto y no se prolonga en el tiempo).

> **1.** – ¿Cuánto tiempo hace que sales con ese chico?
>   – (Hace) medio año.
>   – ¿Desde cuándo sales con ese chico?
>   – Desde hace medio año.
> **2.** – ¿Cuánto tiempo hace que juegas al tenis?
>   – (Hace) dos años.
>   – ¿Desde cuándo juegas al tenis?
>   – Desde hace dos años.
> **3.** – ¿Cuánto tiempo hace que ha empezado la película?
>   – (Hace) diez minutos

> **4.** – ¿Cuánto tiempo hace que esperas el autobús?
>   – (Hace) casi veinte minutos.
>   – ¿Desde cuándo esperas el autobús?
>   – Desde hace casi veinte minutos.
> **5.** – ¿Desde cuando tienes carné de conducir
>   – Desde enero
> **6.** – ¿Desde cuándo conoces a Pilar?
>   – Desde 2001.
> **7.** – ¿Desde cuándo tienes móvil?
>   – Desde 2004.

ESCRIBIR

8. Los alumnos realizan la actividad y se corrige, bien en grupos, o bien entre todos. También puede corregirse mediante una transparencia.

> **1.** nací; **2.** vivo; **3.** tenía; **4.** es; **5.** Tengo; **6.** Soy; **7.** Estudié; **8.** trabajo; **9.** hace; **10.** jugar; **11.** mucho; **12.** estudio; **13.** viajar; **14.** iré.

9. Los alumnos escriben su carta de presentación, la intercambian con un compañero y éste la corrige. El profesor recoge las cartas y, al día siguiente, abre la clase haciendo alguna pregunta basada en las informaciones que ha encontrado en las cartas o que ha ido obteniendo a lo largo del trabajo en el aula. De este modo, seguimos practicando las estructuras vistas en la anterior sesión:
¿Desde cuándo estudias Historia del Arte, Ali? /
¿Cuánto hace que trabajas en una empresa española, Marian?

- Entre todos vamos viendo los errores más importantes y frecuentes de las redacciones (escribiendo, por ejemplo, una frase con un error en la pizarra y preguntando si es correcta o hay que cambiar algo, etc.).

B. Pasado, presente y futuro

> **OBJETIVOS**
>
> **Gramática:** Repaso de usos verbales.

1. También se puede hacer esta actividad pidiendo a los alumnos que intercalen, entre esas cosas que hicieron el domingo, una que es mentira. Su compañero debe estar atento para detectarla.

2 y 3. El profesor dispone en la pizarra 6 columnas, cada una encabezada por el nombre de uno de esos tiempos verbales. Se hace el ejercicio entre todos, pero sin detenerse mucho, porque es sencillo, y el profesor va escribiendo cada forma verbal de las frases en la columna que le indiquen. Después, añadirá algún ejemplo más y se seguirán completando las columnas. Esto sirve para ver qué recuerdan y de calentamiento para el ejercicio 3, que harán individualmente y corregiremos entre todos. En función del tiempo del que se disponga, pueden intercambiarlo con el compañero para que éste lo corrija y, después, lo revisaremos en la pizarra. El profesor puede hacer cambios en las frases, o preguntar por qué han utilizado ese tiempo.

> **1.** d; **2.** f; **3.** a; **4.** b; **5.** c; **6.** e.

> **1.** he ido; **2.** gustaba, gustan; **3.** fuimos, pasamos; **4.** has hecho, limpié, vi; **5.** han dicho, hará; **6.** termino, podré; **7.** Has comido, probé; **8.** vas a hacer, voy a ir, he reservado.

LEER

4 y 5. Se anima a los alumnos a mirar la foto. ¿A qué tipo de espectáculo corresponde? ¿Han visto algo parecido? ¿Conocen al bailarín? ¿Y a otros bailarines o artistas de otro tipo que pertenezcan al mundo hispano? ¿Qué saben de ellos?

El profesor pide a los alumnos que lean el texto y que intenten memorizar todo lo que puedan, dándoles un tiempo limitado. Después, sin mirar el texto, deben intentar hacer el ejercicio 5. ¿Han recordado muchos datos? Entonces vuelven sobre el texto, comprueban y completan las respuestas que les falten y corregimos: un alumno le hace la pregunta a otro y él responde, como en una ronda.

> **1.** ¿Dónde nació Joaquín Cortés? En Córdoba.
> **2.** ¿Cuántos años tenía cuando se trasladó a Madrid? Doce.
> **3.** ¿En qué año creó su propia compañía? En 1992.
> **4.** ¿Cuál fue su segundo montaje? *Pasión gitana.*
> **5.** ¿Dónde estrenó *Soul*? En el teatro Tívoli de Barcelona.
> **6.** ¿Con quién ha trabajado en el cine? Con Pedro Almodóvar y Carlos Saura.
> **7.** ¿Qué obra representa en la actualidad? *Live.*
> **8.** ¿Cómo es el estilo de Joaquín Cortés? Es una mezcla de flamenco, ballet y jazz.

6. Los alumnos subrayan los pretéritos indefinidos y rodean con un círculo los marcadores temporales correspondientes. Entre todos hacemos un cuadro en la pizarra que se completa con otros marcadores. El profesor puede pedir que inventen alguna frase con determinados marcadores para practicar.

IDEAS EXTRA

- El profesor puede traer a clase los datos desordenados e incompletos (sin algunos verbos…) de la vida de algún otro personaje, para que los alumnos traten, por grupos, de reconstruir su biografía (ésta tiene que ser sencilla.)

GRAMÁTICA

- Se remite a los alumnos de nuevo al texto de Joaquín Cortés: ya hemos subrayado los verbos en indefinido, ¿hay alguna frase en pretérito perfecto? Se escribe en la pizarra ese ejemplo, contrastándolo con otro en indefinido:
  En 1992 creó su propia compañía.
  Ha trabajado en algunas películas con directores tan importantes como Pedro Almodóvar y Carlos Saura.

- Se les pregunta dónde está el marcador temporal de la segunda frase. Dirán que no hay ninguno y leeremos la explicación del cuadro de gramática y después los ejemplos. Como pueden ver, en las frases con pretérito perfecto no importa en qué momento concreto sucedió algo o se realizó una acción, sino la acción misma; no se dice cuándo escribió cada uno de sus libros Rosa Montero; solo que ha escrito muchos, y entendemos que lo ha hecho a lo largo de su vida.
  Además, muchas veces usamos el pretérito perfecto para expresar que hemos realizado una acción un número determinado o indeterminado de veces:
  Ha trabajado dos veces con Fernando Trueba.
  Hemos ido varias veces a su casa.
  Nunca he comido bacalao al pil pil.

- Muchas veces no están claros los límites entre el uso del pretérito perfecto y el indefinido. Aquí tratamos de

dar unas normas que nos sirvan para avanzar en el aprendizaje, pero podemos encontrarnos que no son las mismas en los diversos países hispanohablantes y ni siquiera en diferentes partes de España. Por ejemplo, el lingüista Lázaro Carreter hablaba de un uso psicológico de estos tiempos en el sentido de que distintos hablantes utilizan distintos tiempos según sea su estado de ánimo. Así ocurre en una frase como:
Mi padre ha muerto/murió hace un año.

De la misma manera, puede haber diferentes soluciones en la siguiente situación: alguien pregunta a otro:
¿Dónde has aprendido/aprendiste español?

En función del contexto, si el interpelado es joven, se prefiere la primera forma (*has aprendido*), pero si el interpelado es una persona mayor y el contexto hace suponer cierta lejanía, se prefiere el pretérito indefinido.

7. Tras estas indicaciones, hacen individualmente el ejercicio y lo corregimos.

> **1.** vivió; **2.** han salido; **3.** Has tenido, chocó, Estuve; **4.** vivió; **5.** aprendiste, Empecé, terminé, vine; **6.** fui, invité.

IDEAS EXTRA

- En grupos de tres, puede hacerse un oyes/dices con verbos en indefinido o en otro tiempo que se quiera practicar si se cree necesario insistir en su morfología. Cada alumno tiene una tarjeta dividida en dos columnas: a la izquierda hay formas verbales conjugadas, y a la derecha hay verbos en infinitivo con un pronombre sujeto entre paréntesis. El primer alumno tiene en su tarjeta *cantar* (yo), así que dirá *canté*. Entonces, el alumno que tenga la palabra *canté*, conjugará el infinitivo que se indica al lado de esta palabra en la columna de la derecha, y así sucesivamente hasta llegar al final.

TARJETA 1	
...LIDA	cantar (yo)
...nisteis	vivir (él)
...rió	tocar (yo)
...mieron	seguir (ellos)
...o	ir (nosotros)

TARJETA 2	
vivió	dormir (él)
toqué	hablar (ustedes)
siguieron	poder (vosotros)
canté	ser (yo)
fuimos	estar (ella)

TARJETA 3	
durmió	morir (él)
fui	dormir (ellos)
pudisteis	traer (usted)
estuvo	comer (vosotros)
hablaron	LLEGADA

ESCRIBIR Y HABLAR

8. El profesor puede formar parte de uno de los grupos. Una posibilidad para hacerlo más lúdico es que, al leer cada grupo las experiencias más interesantes delante de todos, los demás tengan que adivinar quién vivió esas experiencias. Después, si tienen alguna curiosidad, podrán hacer preguntas a quienes las vivieron, y así seguimos practicando los pasados (el profesor puede escribir en la pizarra algunas pautas: *¿Cuándo…? / ¿Cuántas veces…? / ¿Alguna vez…? /¿Cuántos años…? / ¿Con qué…? / ¿En qué época del año…? / ¿Cuánto hace que…?*).

C. Julia me cae bien

> **OBJETIVOS**
>
> **Comunicación:** Conocer a los otros y expresar gustos, sentimientos y estados de ánimo.
> **Gramática:** Verbos reflexivos, verbos *le*.
> **Pronunciación:** Diferenciar y reproducir la entonación interrogativa.

Antes de empezar

- Se sondea a los alumnos acerca de la expresión "caer bien". Entre todos, concluimos que decimos esto cuando alguien nos parece agradable, nos gusta, nos es simpático. Cuando una persona, por el contrario, nos parece desagradable, antipática o no nos gusta, decimos que no nos cae bien o que nos cae mal.
- Podemos traer a clase fotos de personajes mundialmente conocidos y preguntar a los alumnos qué tal les cae cada uno y por qué. Esto puede servir como precalentamiento y para ver qué adjetivos conocen y manejan, y ponerlos en común.

1. El profesor pide a los alumnos que lean primero el test y pregunta si lo entienden todo. Después de solucionar entre todos las dudas de vocabulario, hacen el test individualmente y, luego, hablan con el compañero para ver si han obtenido el mismo resultado. El profesor pregunta a algunos alumnos:
– *¿Qué resultado has conseguido?*
– *Y tú, por ejemplo, si te cuentan un chiste malo, ¿te ríes?*
– *Y a ti, ¿te molestan las bromas?*

- El profesor pregunta a los alumnos qué cosas les molestan, y las va anotando en la pizarra para después hacer un cuadro de uso del verbo *molestar*. Puede decirse a los alumnos que éste y muchos otros verbos se usan igual que *gustar*, que ya conocen bien.

(A mí) me (A ti) te (A él/ella/vd.) le	molesta	que me griten. la impuntualidad. el ruido.
(A nosotros) nos (A vosotros) os (A ellos-as/vds.) les	molestan	los chistes malos. las bromas pesadas.

- Vamos al cuadro de gramática de la página 11 y lo leemos. Junto al de *molestar*, hacemos otro cuadro con la estructura de los verbos reflexivos, haciendo que los diferencien bien de los verbos le. Ponemos algunos ejemplos con frases del test que acaban de hacer y practicamos construyendo frases con estos verbos. El profesor juega con la concordancia sujeto-verbo para que los estudiantes vean que la estructura de estos dos tipos de verbos es diferente:
*Me molest**a** el ruido / Me molest**an** las bromas.*
Me río mucho con los chistes / Me río mucho con Javier, porque es un chico divertidísimo.

- El tercer apartado del cuadro de gramática puede pasarse un poco por alto para trabajarse más tarde, poniendo más ejemplos de verbos que admiten ambas estructuras y varían o no de significado. Esto se hará ver a los alumnos siempre a través de abundantes ejemplos, reflexionando sobre el sentido de los verbos en cada frase y sobre quién establece la concordancia.

2 y 3. Los alumnos hacen los ejercicios individualmente y corregimos.

> **1.** os interesan; **2.** les preocupa; **3.** le pasa; **4.** te queda; **5.** te cae, me parece, me cae; **6.** les encanta.

> **1.** se; **2.** se; **3.** se; **4.** se, se; **5.** le; **6.** le; **7.** le; **8.** les; **9.** le, se.

PRONUNCIACIÓN Y ORTOGRAFÍA

- Se escribe en la pizarra una serie de preguntas de ambos tipos, en dos listas diferenciadas. El profesor lee algunas y los alumnos observan las diferencias de entonación según el tipo de respuesta que se les puede dar.

1. Después de ver el cuadro, hacemos el ejercicio: el profesor para la grabación después de cada pregunta y hace que algunos alumnos la repitan, valorando sus reproducciones de la entonación. Los alumnos dicen al profesor en cuál de las dos listas de la pizarra debe colocar cada pregunta.

2. Los alumnos van leyendo la frase que han escuchado y el profesor la escribe en la pizarra según como la han entonado, corrigiendo si es necesario.

> **1.** Hace frío. **2.** No ha venido. **3.** ¿Quiere comer? **4.** ¿Estudia mucho? **5.** ¿Le gusta la tortilla? **6.** Está esperando.

- El profesor escribe en la pizarra varias preguntas de los dos tipos mezcladas. Un alumno tiene que leer una con la entonación correcta, y otro responder sólo si cree que lo ha hecho correctamente, y así sucesivamente.
- Un alumno sale a la pizarra, donde hay escritas algunas frases, todas de apariencia enunciativa, pero que podrían ser interrogativas con sólo añadirles signos de interrogación. El profesor las tiene escritas en un papel: algunas de ellas son preguntas. Las va leyendo y el alumno decide si tiene que escribir o no interrogaciones.

D. Escribe

> **OBJETIVOS**
>
> **Expresión escrita:** Organizar un texto en párrafos. Uso de las mayúsculas.

- El profesor trae a clase dos textos divididos en tres párrafos cada uno y que estén mezclados. En grupos de 3 o 4, los alumnos tienen que separar los dos textos y ordenarlos correctamente. Después, el profesor les preguntará en qué parte de cada texto hablan de cierto tema. De este modo verán que un párrafo es una unidad de contenido dentro de un texto, y se les explicará que los separamos unos de otros con punto y aparte, como pone en el recuadro que pasamos a leer.

1. Piensan rápidamente cuál puede ser el orden de los párrafos, y nos ponemos de acuerdo entre todos. ¿Cómo lo han sabido? ¿Qué palabras unen una parte del texto con las demás?

> **1.** 1; **2.** 3; **3.** 2; **4.** 5; **5.** 4.

2. Hacen este ejercicio individualmente y lo corregimos diciendo "aparte" donde cambia de párrafo o a través de una transparencia. Se pide a los alumnos que resuman en pocas palabras la idea principal de cada párrafo.

> ...un hijo de cinco años. // Lo que más me gusta...
> ...sobre todo las novelas policíacas. // Estoy aprendiendo español porque...
> ...quiero comunicarme con los españoles. // En esta clase espero...

3. Este ejercicio puede corregirse escribiendo las frases en la pizarra y animando a que salga un alumno a poner las mayúsculas en cada una, comentando entre todos por qué las usamos en cada caso.

> **1.** El cantante italiano Nicola di Bari triunfa en el festival de Mallorca. **2.** El próximo otoño el Papa viajará a México. **3.** Las obras del río Manzanares terminarán en marzo. **4.** El presidente del Gobierno ha anunciado una nueva ley antitabaco. **5.** Millones de europeos visitan cada año la Torre Eiffel de París.

De acá y de allá

1. Se pregunta al grupo si conocen gente de España y de Hispanoamérica y si hablan a menudo con ellos, o bien si han visto películas españolas, mexicanas, argentinas, cubanas, etc., en versión original. ¿Han notado diferencias en la forma de hablar de unos y otros? ¿Dónde están las mayores diferencias: en la entonación, en la pronunciación, en el vocabulario, en la gramática…?

2. Rellenamos este cuadro entre todos, comentando las diferencias en las formas de tratamiento en distintos países.

> **a.** usted; **b.** tú; **c.** tú; **d.** usted; **e.** usted; **f.** tú.

3. Leen el texto, contestan verdadero o falso y corregimos las afirmaciones falsas. Leemos la tira cómica: ¿hay algún cambio en los verbos al usar la forma vos? Los alumnos tienen que señalarlo y decir cómo sería la primera intervención de Mafalda en español de España. ¿Han entendido el cómic? ¿Pueden explicarlo? Escribimos el dicho *Dios le da pan a quien no tiene dientes*. ¿Existe algo parecido en su país?

> **1.** V; **2.** V; **3.** V; **4.** V; **5.** F.

E. Autoevaluación

1.

> **1.** Martínez Herrero. **2.** naciste. **3.** vives. **4.** ¿Estás casado? **5.** ¿Tienes hijos? **6.** ¿A qué te dedicas? **7.** ¿Desde cuándo trabajas en esa agencia?, Desde hace cuatro años. **8.** ¿Qué te gusta hacer en tu tiempo libre? **9.** ¿Has estado alguna vez en el extranjero?

2.

> **1.** ¿Has leído ya el periódico? / No, lo leeré más tarde. **2.** ¿Has hecho la comida? / No, la haré dentro de un rato. **3.** ¿Le has mandado el mensaje a Carmen? / No, se lo mandaré esta tarde. **4.** ¿Has llamado por teléfono a tu madre? / No, la llamaré luego. **5.** ¿Has fregado los platos? / No, los fregaré mañana. **6.** ¿Has planchado las camisas? / No, las plancharé más tarde. **7.** ¿Has puesto la lavadora? / No, la pondré el lunes.

3.

> **1.** Nació. **2.** Estudió. **3.** ingresó. **4.** se trasladó. **5.** Vivió. **6.** Trabajó. **7.** Publicó. **8.** obtuvo. **9.** publicó/escribió. **10.** ha escrito / ha publicado. **11.** ha regresado.

4.

> **1.** hice. **2.** se ha casado. **3.** compuso. **4.** trabajó. **5.** terminó. **6.** ha estado. **7.** hemos trabajado. **8.** tocó.

5.

> **1.** te, me. **2.** se. **3.** le. **4.** se, se. **5.** te, me, me. **6.** le. **7.** nos. **8.** me, me, te, te. **9.** se. **10.** le.

6.

> de, con, en, a, con, por, a, por, para, Desde, hasta, para, Por, al, a, de.

2

A. En la estación

OBJETIVOS

Comunicación: Aprender a manejarse en situaciones relacionadas con los medios de transporte (sacar un billete, pedir o dar indicaciones…)
Gramática: Pretérito pluscuamperfecto: *Cuando llegamos, el tren ya había salido.*

1. Se invita a los alumnos a mirar las fotos, preguntándoles si todos han usado por lo menos una vez esos medios de transporte y qué otros conocen, con qué frecuencia los usan, cuál es el que más odian… Comparamos unos y otros, comentando el por qué de sus preferencias.

Podemos pedirles que, por grupos y en 5 minutos, escriban todas las palabras que conozcan relacionadas con esos medios de transporte. Después se ponen en común: ¿qué grupo tiene más palabras? Se les propone que copien la lista de palabras en su cuaderno y sigan añadiendo otras a lo largo del tema ordenándolas de alguna manera (según tengan que ver con un medio de transporte u otro, por ejemplo), como sugerencia para estudiar con más facilidad el vocabulario.

2 y 3. Ordenan individualmente los diálogos. Al escucharlos para comprobar, deben prestar atención a la entonación. Después, dos parejas de alumnos los leen en voz alta, tratando de reproducirla lo mejor posible. Al final, el profesor invitará a algunos alumnos a repetir ciertas frases, si le parece necesario, para fijar su entonación.

(EN LA ESTACIÓN)
CLIENTE: Hola, quería un billete para Alcalá de Henares para el tren de las 9.30.
TAQUILLERO: ¿Ida sólo, o ida y vuelta?
CLIENTE: ¿Cuánto vale el de ida y vuelta?
TAQUILLERO: El billete de ida cuesta 2 euros y el de ida y vuelta 3,60 €.
CLIENTE: Pues... deme uno de ida y vuelta.
TAQUILLERO: Aquí tiene su billete, son 3,60 €.
CLIENTE: Gracias, adiós.

(EN EL AEROPUERTO)
AZAFATA: Buenos días, ¿me da el billete y el pasaporte?
PASAJERO: Aquí tiene.
AZAFATA: ¿Ventana o pasillo?
PASAJERO: Pasillo, por favor.
AZAFATA: ¿Éstas son sus maletas?
PASAJERO: Sí, las dos marrones.
AZAFATA: Muy bien. Mire, esta es su tarjeta de embarque. Tiene que estar en la sala de embarque media hora antes de la salida, a las 6.35. Todavía no se sabe en qué sala. Mírelo en los paneles de información.
PASAJERO: ¿A qué hora ha dicho que tengo que embarcar?
AZAFATA: A las 6.35.
PASAJERO: Ah, vale, gracias.

1. {7, 3, 1, 5, 2, 4, 6}
2. {1, 4, 6, 2, 3, 8, 5, 7, 9, 10}

HABLAR

4. Pueden darse algunos datos para que con ellos inventen diálogos. Después, algunos alumnos representarán el suyo delante de todos.

ESCUCHAR

5. Entre todos hacemos conjeturas antes de escuchar, describiendo las fotos: ¿qué creen que está pasando en cada una? ¿Qué tipo de viaje creen que va a hacer Dimitri?

Mi amigo Dimitri fue a pasar el domingo a la playa de Salou con sus amigos. Por la tarde fue a la estación a coger el tren para volver a Barcelona. Se despidió de sus amigos y subió a un tren que salía a la hora prevista en su billete, a las 20.45. Después de quince minutos de viaje pasó el revisor y al ver su billete le preguntó adónde iba. "A Barcelona", respondió él tan tranquilo. Y el revisor le explicó que se había equivocado de tren, pues aquel tren no iba a Barcelona, sino a Valencia, es decir, en dirección contraria. Además, era un tren de largo recorrido, así que la siguiente parada estaba a 45 minutos de allí. Dimitri tuvo que continuar hasta la siguiente parada. Allí se bajó y esperó toda la noche en la estación para coger el tren de las cinco de la madrugada que iba a Barcelona. ¡Menuda aventura!

6 y 7. Escuchan la audición de nuevo y anotan las respuestas. Después, en grupos de tres, las comprueban y escuchamos de nuevo para que cada grupo pueda escribir la historia de Dimitri. Un par de grupos la lee: ¿estamos de acuerdo?

> 1. Pasar el domingo en la playa con sus amigos.
> 2. Para volver a Barcelona.
> 3. Se equivocó de tren y tomó uno en dirección contraria.
> 4. Se lo dijo el revisor.
> 5. En la estación.

GRAMÁTICA

- Se escribe en la pizarra el ejemplo del cuadro de gramática de esta manera:
  *Cuando <u>llegué</u> a la estación, el tren **ya** <u>había salido</u>.*

  1.º Salir (el tren) ➡ Pluscuamperfecto
  2.º Llegar a la estación (Dimitri) ➡ Indefinido.

  Leemos el cuadro de gramática y practicamos entre todos, dando a los alumnos, en transparencia o escritas en la pizarra, las "piezas" necesarias para construir frases (**1.º** *hacer los deberes, Juan* / **2.º** *telefonearle, su madre*).

8, 9 y 10. Los alumnos hacen estos ejercicios individualmente y corregimos. El 10 lo leen dos alumnos y puede aprovecharse para repasar otros verbos con participio irregular (aparte de *morir*).

> 1. llamó, había salido; 2. vino, nos habíamos acostado; 3. contó, había estado; 4. me alegré; 5. estaba; 6. había regalado.

> 1. Cuando yo llegué a la oficina, el jefe ya había salido.
> 2. Cuando Carlos entró a trabajar aquí, ya había trabajado en un supermercado.
> 3. Cuando entramos en el cine, la película ya había empezado.
> 4. Cuando llegué a casa, mi marido ya había preparado la cena.
> 5. Cuando se casó, su madre ya había muerto.
> 6. Cuando Ramón empezó a estudiar chino, ya había estado trabajando en China.
> 7. Cuando le quitaron el carné de conducir, él ya había tenido dos accidentes.

> 1. había muerto; 2. había vendido; 3. había ido; 4. había encontrado; 5. había terminado.

B. ¿cómo vas al trabajo?

OBJETIVOS

Vocabulario: Medios de transporte y verbos de movimiento.

Pronunciación: Entonación exclamativa.

Antes de empezar

- El profesor escribe cuatro palabras clave para que los alumnos reconstruyan cómo viene a clase.

1. Algunos alumnos cuentan cómo vienen ellos a clase. El profesor observa dónde puede haber algún problema (por ejemplo, qué tal usan las preposiciones) para aplicar sus conclusiones a la práctica a lo largo de las sesiones.

2. Se pide a los alumnos que completen los tres textos. Después, se les pregunta si entienden todas las palabras del recuadro. ¿Con qué verbo suele ir la palabra *transbordo*? ¿Con qué medio de transporte tiene que ver? ¿Y *atasco*? ¿Qué significan?

> 1. estación; 2. llegar; 3. atasco; 4. regresar; 5. ir; 6. hasta; 7. transbordo; 8. va; 9. tardo; 10. Duran-

te; **11.** coche; **12.** hasta; **13.** tren; **14.** Tardo; **15.** Durante; **16.** tren; **17.** rápido.

3. Corregimos escuchando la grabación.

> **1.**
> Normalmente voy al trabajo en coche. Es que vivo a quince kilómetros de Madrid y no hay ninguna estación de tren cerca de mi casa. Si no hay problemas tardo media hora en llegar, pero si hay algún atasco tardo una hora o, a veces, más. No me gusta mucho conducir, pero así puedo regresar a casa media hora antes y recoger a mi hija del colegio.
>
> **2.**
> Yo vivo en el sur de Madrid y tengo que ir a la Universidad Autónoma, que está al norte. Primero voy en metro hasta la Plaza de Castilla. Tengo que hacer un transbordo en Gran Vía. En la plaza de Castilla tomo el autobús que va a la Universidad. La verdad es que está un poco lejos, tardo más de una hora en llegar. Durante el viaje puedo leer y estudiar algo, si no hay muchos pasajeros.
>
> **3.**
> Yo vivo en Madrid y trabajo en Alcalá de Henares. No tengo coche, así que voy a trabajar en metro y en tren. Primero voy en metro hasta Atocha, es lo más rápido, y luego tomo el tren de cercanías hasta Alcalá de Henares. Tardo una hora en llegar, más o menos. Durante el viaje tengo tiempo de leer el periódico o una novela, o también puedo dormir, si tengo sueño. El tren es cómodo, rápido y barato.

4. El profesor pasará por las mesas supervisando la escritura y atendiendo a posibles dificultades. La redacción se realizará en un tiempo limitado indicado por el profesor. Algunos leerán su escrito y corregiremos los fallos más importantes entre todos cuando acaben de leer (para ello, el profesor irá tomando las notas que le hagan falta).

VOCABULARIO

5. Si no lo hemos hecho ya como se indicó al principio del tema, puede hacerse como un concurso, en grupos de tres, y en 5 minutos, y ver después qué grupo tiene más palabras. Todas ellas se escribirán en la pizarra.

También podemos repasar vocabulario con este juego: los alumnos se colocan en círculo, y cada alumno dice una palabra relacionada con el tema; quien repite una palabra queda eliminado. Este ejercicio debe hacerse ágilmente.

LEER

6. Esta actividad tiene como objetivo sondear el conocimiento que tienen los estudiantes sobre Madrid, al mismo tiempo que anticipa el contenido del texto siguiente. Si sus estudiantes no saben nada de Madrid, es conveniente que corrija la información antes de leer el texto, pues les ayudará a construir sus esquemas. En caso de que tengan ya conocimientos previos sobre Madrid, puede dejarles en la incertidumbre hasta después de leer el texto.

7. Tras completar el verdadero / falso y leer el texto, corregimos el ejercicio 6.

> **1.** F; **2.** –; **3.** V; **4.** F.

8. Hacen individualmente el ejercicio y escriben otras tres preguntas sobre el texto. Corregimos las del libro y después alguno lee sus preguntas y los demás responden.

> **1.** Autobuses, metro, taxis y trenes de cercanías.
> **2.** Cada 10 o 15 minutos.
> **3.** No.
> **4.** Entre las 5:00 y las 6:00 de la madrugada.

PRONUNCIACIÓN Y ORTOGRAFÍA

1. Se practica la entonación con la ayuda de la grabación: escuchamos una frase y el profesor va señalando uno a uno a varios alumnos para que repitan, valorando qué tal lo ha hecho cada uno.

2. El profesor escribe las frases en la pizarra. Sale un alumno y, según vamos escuchando, va escribiendo los signos que cree adecuados. Después, le releva otro alumno. ¿Estamos de acuerdo con lo que han escrito? Seguimos repitiendo algunas de las frases para practicar la entonación.

Para seguir practicando la entonación y preparar un trabajo con las expresiones en contexto, animamos a los alumnos a buscar en los ejercicios 1 y 2 expresiones de sorpresa, alegría, enfado o pena. Entre todos, pensamos en qué situaciones se dice tal o cual expresión (*¡Enhorabuena!* / *¿Está libre?* / *¡Estoy harta!...*). Después, los alumnos se ponen por parejas y el profesor entrega a cada uno una tarjeta con una de estas expresiones para que, partiendo de ella, imaginen una situación e inventen un diálogo que representarán en clase.

> 1. ¿Está libre?
> 2. ¡Qué pena!
> 3. ¿Vas a la compra?
> 4. ¡Qué barato!
> 5. ¿Puedo salir?
> 6. ¡He aprobado!
> 7. ¡No es barato!
> 8. ¡Estás tonto!
> 9. ¿Te gusta?
> 10. ¡Es carísimo!

IDEAS EXTRA

- El profesor invita a unos cuantos voluntarios a subir a un tren imaginario. A cada uno le entrega un papel con una frase que deben memorizar. Los voluntarios tienen que entablar una conversación lo más natural posible como si fueran pasajeros de un tren, intentando decir al menos dos veces la frase que tienen escrita "como quien no quiere la cosa". El resto de la clase tiene que detectar las frases y decir, cuando termine la conversación, cuáles son y quién las ha pronunciado.

c. Intercambio de casa

OBJETIVOS

Comunicación: Describir una casa.
Gramática: Preposiciones de lugar.
Vocabulario: La casa y las tareas domésticas.

Antes de empezar

1. Se pregunta a los alumnos cómo prefieren alojarse cuando van de viaje y por qué. ¿Saben lo que es un intercambio de casa? ¿Alguien lo ha hecho? ¿Qué les parece? Comentamos las posibles ventajas e inconvenientes.

2 y 3. Los alumnos leen los textos, completan individualmente, y lo ponemos en común, indicando la parte del texto en que se basa su respuesta. ¿Cuál de las dos casas elegirían ellos? ¿Por qué?

> **1.** B; **2.** A/B; **3.** B; **4.** B; **5.** A/B; **6.** B; **7.** A/B; **8.** B; **9.** B.
>
> *A Maribel y Andrés les interesa la casa B.*

4. Cada alumno escribe una ficha parecida. El profesor las recoge, las corrige y las pone en la pared de la clase.

5. Los alumnos completan el correo electrónico y lo corregimos.

> **1.** anuncio; **2.** intercambio; **3.** quincena; **4.** hijos; **5.** profesores; **6.** urbanización; **7.** visitar; **8.** gastronomía; **9.** fotografías; **10.** alrededores.

6. Cada alumno elige la descripción que más le guste de las que hemos puesto en la pared y escribe un e-mail parecido al que han completado para hacer una propuesta de intercambio. Después, lo pasan a su compañero de al lado, que corrige los errores.

GRAMÁTICA

- Leemos el cuadro de preposiciones y el profesor pone más ejemplos variados para completar en la pizarra (frases o pequeños párrafos). En otra sesión, para retomarlo y repasar, se pueden quitar todas las preposiciones del ejercicio 5 de la página 21 y que lo completen (en transparencia o escrito en la pizarra). Luego se autocorregirán mirando el libro.

ESCUCHAR

7. Primero leemos las frases incompletas. ¿Qué información le está dando Maribel a Juan Zúñiga? Escuchan y comprueban por parejas. Después, se pone en común.

> MARIBEL: ¿Sí, dígame?
> JUAN ZÚÑIGA: ¡Hola, buenos días! Soy Juan Zúñiga, desde México.
> MARIBEL: ¡Ah, buenos días! ¿Cómo está usted?
> JUAN ZÚÑIGA: Pues, nada... Que llamaba para

	enterarme de cómo llegar a su casa en España.
MARIBEL:	Bien, desde Madrid, deben tomar la Nacional VI hasta Villacastín.
JUAN ZÚÑIGA:	¿Y qué distancia hay de Madrid a Villacastín?
MARIBEL:	Este pueblo está a unos 80 km de Madrid.
JUAN ZÚÑIGA:	¿Y una vez allí?
MARIBEL:	Desde Villacastín tienen que desviarse por la carretera que va a Segovia, y a cinco kilómetros del pueblo encontrarán una señal que indica la entrada a la urbanización: Coto de San Isidro.
JUAN ZÚÑIGA:	Cuando lleguemos a la urbanización, ¿cómo encontramos la casa?
MARIBEL:	Es muy fácil. En la entrada verán un hostal y una plaza con una fuente. Justo detrás de la fuente está nuestra casa. Las llaves están en el buzón.
JUAN ZÚÑIGA:	No parece muy difícil. De todas formas, si tenemos algún problema nos pondremos en contacto.
MARIBEL:	Muy bien. Me alegro de saludarle y espero que tengan un buen viaje.
JUAN ZÚÑIGA:	Gracias. ¡Hasta pronto!

1. …80 km de Madrid.
2. …hasta Villacastín.
3. Desde Villacastín…
4. …a la urbanización
5. …detrás de la fuente…
6. …en el buzón.

D. Escribe

OBJETIVOS

Expresión escrita: Escribir una carta personal.

1. Los alumnos hacen individualmente el ejercicio. Para corregir, cada sección la lee un alumno.

a. Salamanca… 2006.
b. Querida Cati… enseguida.
c. Cati, te escribo para… ¿verdad?
d. En cambio… nada especial.
e. ¿Y tú, … de mi parte.
f. Bueno, espero que… Un abrazo.
g. P.D.: En mi trabajo… Te llamaré.

2. Leen de nuevo y respondemos entre todos. El profesor puede hacer otras preguntas: *¿dónde vive Cati? ¿Y Carmen?*

3. Ordenan el correo y un alumno lo lee en voz alta. Comprobamos si es correcto. El profesor escribirá en la pizarra, con ayuda de los alumnos y de las dos cartas que hemos leído, expresiones útiles para escribir cartas personales. ¿Les parece que una de las cartas es un poco más formal? ¿Por qué?

5 – 1 – 3 – 6 – 2 – 4

4. Los alumnos escriben la carta. El profesor las recoge, las corrige y entrega cada una a otro alumno, que responde con otra carta y se la entrega a su destinatario.

De acá y de allá

Viaje a Colombia

1. Los estudiantes observan las fotos de Cartagena de Indias y comentan con su compañero lo que estas les sugieren. Si conocen la ciudad o saben algo de ella pueden contarlo. Si no es así, viendo las fotos, ¿cómo imaginan que es esa ciudad? ¿Qué cosas se pueden hacer o visitar allí?

2. Tienen que leer el texto un par de veces, intentando memorizar los datos que puedan, así que hay que darles cierto tiempo. Después, cada uno escribirá 10 preguntas para que el compañero las trate de responder con el libro cerrado. Esto puede hacerse también dividiendo a la clase en dos equipos. El equipo cuyos miembros contesten correctamente a más preguntas ganará algún premio simbólico traído por el profesor.

E. Autoevaluación

1.

> **1.** crucero; **2.** vía; **3.** parada; **4.** estación, cercanías; **5.** tardo; **6.** billetes; **7.** tarjeta de embarque; **8.** puerto.

2.

> **1.** e; **2.** d; **3.** a; **4.** c; **5.** b.

3.

> **1.** había visto; **2.** había regalado; **3.** había dejado, había ido; **4.** había terminado; **5.** había estado; **6.** habían salido; **7.** habían invitado; **8.** habían escapado.

4.

> Jorge vive en un barrio de Madrid, cerca **de** una estación de metro. Antes iba a trabajar todos **los** días **en** metro. Pero ahora su empresa se ha trasladado a un polígono industrial fuera de la ciudad y **está** desesperado. Todos los días tarda una hora y media **en** llegar al trabajo. Así que tiene que levantarse a las 6 **de** la mañana. Sale de su casa a las seis y media para llegar a la oficina a las ocho. Coge el metro hasta plaza de Castilla y luego tiene que tomar un autobús **hasta** su empresa. Si un día hay **algún** problema en la carretera, se forma un atasco y entonces **llega** tarde. Su jefe ya le ha dicho que, si llega tarde más veces, tendrá **que** buscarse otro trabajo.

5.

> **1.** está; **2.** centro; **3.** vuelos; **4.** tarda; **5.** día; **6.** red; **7.** que; **8.** estaciones; **9.** para.

6.

> **1.** en; **2.** para; **3.** de; **4.** al, en; **5.** al; **6.** a; **7.** de, a, de; **8.** en, de, al; **9.** en, a, de; **10.** Para, a / hasta, por; **11.** a; **12.** a / hasta, desde, en, del, en; **13.** Desde / De, hasta / a; **14.** al, en.

3

A. Amigos

OBJETIVOS

Vocabulario: Léxico para describir personas.
Comunicación: Describir el físico y el carácter.
Gramática: Oraciones de relativo (indicativo o subjuntivo).

Antes de empezar

- Durante la clase anterior, el profesor pide a los alumnos que traigan una foto que no sea muy pequeña de algún amigo o familiar. Al día siguiente, se pide a algunos que describan el físico y el carácter de esa persona mientras muestran su foto al resto de la clase. *¿Recuerdan lo que significa "caer bien"? ¿Qué tal les cae esa persona? ¿Por qué?*
Este ejercicio puede hacerse también con fotos de famosos que trae el profesor.

1. Por parejas, describen físicamente a las personas de las fotos y comentan cómo creen que es su carácter. Lo comentamos entre todos y vemos si cada pareja está de acuerdo. Este ejercicio y el anterior sirven para repasar, aclarar y ampliar el repertorio de adjetivos para describir personas de los alumnos. Podemos preguntar cuál es el contrario de *rizado*, de *guapo*, de *tolerante*...

2. Escuchan la grabación y corregimos sin detenernos mucho.

UNOS AMIGOS HABLAN UNOS DE OTROS

(PALOMA HABLA DE JAIME)
¿Qué me gusta de Jaime? Pues lo que más me gusta es su sentido del humor, es muy divertido, hace bromas continuamente. En su trabajo, por el contrario, es muy serio y formal. Con la familia y sus amigos es cariñoso y también generoso, hace bastantes regalos. Lo peor es que a veces se pone un poco terco. Físicamente es muy alto. Cuando le conocí tenía el pelo un poco largo y rizado, pero ahora no tiene mucho, está casi calvo y lleva gafas. Es bastante presumido, le gusta comprarse ropa.
(JAIME HABLA DE PALOMA)
De Paloma me gusta mucho su mirada. Tiene unos ojos grandes y expresivos, unas veces alegres y, otras, tristes. Es muy ordenada, y también es sociable, le gusta mucho organizar actividades con los amigos y reunir a toda la familia alrededor de una mesa llena de comida. Tiene el pelo castaño y largo. Lo que menos me gusta es que a veces se enfada conmigo.
(ROSA HABLA DE PACO)
Con Paco nunca me aburro. Unas veces es un niño grande que inventa juegos para sus hijos y, otras veces, es un hombre serio, preocupado por todos los problemas de la Humanidad. Es muy inteligente, amable con casi todo el mundo, pero cuando se enfada es terrible.
No es muy alto, lleva el pelo largo, y tiene bigote y perilla; no le preocupa mucho la ropa.
(PACO HABLA DE ROSA)
Lo que me gustó de Rosa cuando la conocí fue su generosidad y amabilidad. Es comprensiva y sabe escuchar, por eso la gente le cuenta sus problemas. Es muy romántica: le gustan las puestas de sol, las flores, las cenas para dos, y también le gusta ir al campo con sus amigos y andar. No es muy alta, es delgada y siempre lleva el pelo corto. Le gusta ponerse vaqueros, pero es elegante cuando sale.

---

1. Rosa; **2.** Jaime; **3.** Paco; **4.** Paloma.

3. Escuchan de nuevo y ponen en común sus notas con el compañero. Luego corregimos entre todos.

	Carácter	Físico	Gustos
Paco	Divertido, serio, muy inteligente, casi siempre amable.	No muy alto, pelo largo, bigote y perilla.	
Rosa	Generosa, amable, muy comprensiva, sabe escuchar y es muy romántica.	No muy alta, delgada, pelo corto.	Las puestas de sol, las flores, las cenas para dos y ponerse vaqueros.

	Carácter	Físico	Gustos
Jaime	Divertido, serio, formal, cariñoso, generoso, terco, presumido.	Muy alto, casi calvo, con gafas.	Comprarse ropa.
Paloma	Muy bromista, sociable.	Ojos grandes y expresivos, pelo castaño y largo.	Organizar actividades con los amigos y comer con toda la familia.

HABLAR

4. Es importante que anoten sólo los datos esquemáticamente, así que no hay que darles demasiado tiempo ni permitirles escribir frases.

5. Se trata de que hablen directamente, apoyándose sólo en las breves notas que han tomado y que les servirán de guía. El profesor pasará por las mesas supervisando la práctica oral y ayudando si es necesario.

ESCRIBIR

6. El profesor va revisando lo que escriben los estudiantes e interviene si hace falta. Algunos alumnos podrán leer su redacción al resto de la clase si quieren.

GRAMÁTICA

- Leemos los diálogos de la página 27. En el primero, ¿cuál es la situación? ¿Dónde está la chica y qué intenta? En el segundo, ¿ha cambiado la situación? ¿Por qué? Nos fijamos en cómo describe al hombre: ¿qué es lo que dice la chica? (así, los alumnos se fijan en la estructura que se repite una y otra vez : la oración de relativo); vamos a subrayar los verbos de esas frases: cuando describe al hombre en el primer diálogo, ¿en qué tiempo están los verbos? ¿Y en el segundo diálogo?
- Concluimos que al principio está hablando de un hombre al que todavía no conoce (realmente, ni siquiera sabe si existe, sobre todo si tenemos en cuenta que es el hombre perfecto), y usa subjuntivo. Pero después ya conoce a ese hombre (que no es perfecto, pero casi), y usa indicativo.
- Leemos el cuadro de gramática y el profesor escribe estos dos ejemplos en la pizarra:
  *Busco **un hombre** que trabaja en esta oficina. Es calvo, con bigote y perilla y muy simpático. Se llama Luis.*

*Busco **un hombre** que hable inglés perfectamente.*
¿De quién hablamos? En gramática llamamos antecedente a la persona o cosa de la que hablamos en este tipo de frases. Y en las dos frases hablamos de un hombre. Pero en la primera conocemos a ese hombre, o por lo menos sabemos que hay un hombre que es así, se llama Luis y trabaja en esa oficina.
En la segunda frase no conocemos a ese hombre que estamos buscando. Buscamos a un hombre cualquiera. Sólo nos interesa que hable inglés, es lo único importante para nosotros.

7. Podemos escribir las frases en la pizarra y hacerlas entre todos, razonando la respuesta. A veces será útil añadir una coletilla o desarrollar un pequeño diálogo para que quede más claro:

(EN UNA LIBRERÍA)
A: *Quiero un libro que habla de psicología... Es de la autora Consuelo Vidal, pero no me acuerdo del título.*

A: *Quiero un libro que hable de psicología.*
B: *¿De algún autor en especial?*
A: *No, uno cualquiera, que sea bueno. Es para mi tía, es que le encanta este tema. No me importa el autor.*

1. sabe; **2.** habla/hable; **3.** hable; **4.** está/esté; **5.** está; **6.** sepa; **7.** pongan; **8.** dé; **9.** tenga; **10.** ladra; **11.** pueda.

8 y 9. Se hacen individualmente y se corrigen entre todos.

1. quiera; **2.** tengan; **3.** tenga; **4.** trabaje; **5.** sea; **6.** sea.

1. ...se ríe mucho. / ...expresa sus sentimientos.
2. ...no escucha a los demás. / ...habla mucho.
3. ...tengan los mismos gustos que yo.
4. ...tienen muy buena pronunciación.
5. ...haga la paella como Celia.
6. ...le gustan mucho los deportes de riesgo.

10. Una vez que han escrito las cualidades que buscan, pueden trabajar en grupos de cuatro. Después veremos si los distintos miembros de los grupos pueden llevarse bien entre sí y por qué:

Irina y yo podemos llevarnos bien, porque yo busco personas a las que les guste salir, y que sean divertidas, e Irina cuenta unos chistes muy graciosos y le encanta ir a discotecas.

IDEAS EXTRA

- Para practicar la misma estructura, se reparte a cada alumno una tarjeta con una profesión (torero, profesor de español, bombero...). Un estudiante tiene que construir frases diciendo lo que busca en un profesional de ese tipo, y el resto trata de adivinar de qué profesional se trata:
  – *Busco a una persona que sea paciente y tenga experiencia cuidando niños.*
  – *Tú necesitas una niñera.*

B. Hermanos

> **OBJETIVOS**
>
> **Vocabulario:** Relaciones familiares y nombres de parentesco. Adjetivos de carácter.
> **Pronunciación:** Repasar las reglas de acentuación.

VOCABULARIO

1. Revisamos este vocabulario de los nombres de parentesco completando entre todos el ejercicio. Después seguimos jugando con otros términos que no han aparecido o que les planteen dudas. También pueden hacerse preguntas entre ellos para repasar:
– *Magda, ¿quién es la hermana de tu madre?*
– *Mi tía.*
– *Yatiara, ¿quién es tu suegra?*
– *La madre de mi marido.*

> **1.** Mi abuela; **2.** Mi tío; **3.** Mi primo; **4.** Mi sobrina; **5.** Mi cuñada; **6.** Mi suegra; **7.** Mi yerno; **8.** Mi cuñado; **9.** Mi nieto; **10.** Mi padrastro.

2. Preguntamos a los alumnos si tienen hermanos, cuántos tienen y qué posición ocupan entre ellos (el mayor, el mediano o el menor). ¿Son muy diferentes entre sí? El texto que van a leer defiende que según la posición que ocupas entre tus hermanos tienes un carácter u otro. Aclare las palabras desconocidas:

dígales que lean el texto rápidamente y subrayen las palabras que no entienden; escríbalas en la pizarra y explíquelas, o bien, pregunte si alguien quiere explicarlas. Los alumnos leen el texto.

3 y 4. Los alumnos hacen individualmente estos ejercicios. Al corregir, vemos el vocabulario del texto que pueda plantear dudas o que interese resaltar (adjetivos de carácter, palabras referentes a relaciones familiares…). Puede aprovecharse para repasar contrarios.

> **Primogénito:** autoritario, ambicioso, buen comunicador.
> **Mediano:** competitivo, sociable, seguro, envidioso.
> **Pequeño:** abierto a nuevas ideas, revolucionario, tolerante, vago.
> **Único:** conservador, autosuficiente, responsable, creativo.

> **1.** sociable; **2.** insegura; **3.** autoritario; **4.** ambiciosa; **5.** creativa; **6.** responsable; **7.** envidiosa; **8.** tolerante; **9.** conservador; **10.** encantadora; **11.** vaga; **12.** cariñoso; **13.** competitiva.

HABLAR

5. El profesor puede comentar su propia experiencia, diciendo si en su familia son más o menos como dice el texto o si esto no se cumple. Preguntará a los alumnos si lo que dice el texto coincide con su realidad y si están, en general, de acuerdo con el texto. Se trata de que se describan a sí mismos y a sus familiares manejando los adjetivos de carácter que hemos visto y otros que conozcan.
Puede hacerse en grupos de cuatro y después comentarlos con el resto de la clase.

PRONUNCIACIÓN Y ORTOGRAFÍA

1. El profesor escribe primero algunas palabras en la pizarra diferentes a las del ejercicio, una aguda, otra llana y otra esdrújula, separadas por sílabas (*ca-mión, ár-bol, pá-ja-ro*). Explica que va a leer la primera dando una palmada cuando pronuncie la sílaba fuerte. Lo hace y pide a otros dos alumnos que hagan lo mismo con las otras dos. Entonces, los alumnos subrayan la sílaba tónica de las palabras del ejercicio.

> conserva**dor** – sim**pá**tico – a**le**gre – **tí**mido
> for**mal** – a**bu**rrido – ri**za**do – jar**dín** – a**ma**ble
> televi**sión** – enfa**dar**se – olvi**dar** – dor**mir**

2. Se escucha para comprobar. Vamos parando en cada palabra y señalando a un alumno para que la repita dando una palmada en la sílaba que le parece más fuerte. El profesor escribe la palabra en la pizarra y subraya esa sílaba, corrigiendo con ayuda del resto si es necesario. A medida que escribe las palabras, las va separando en tres columnas según sean agudas, llanas o esdrújulas.

3. ¿Recuerdan las reglas de acentuación? Se remite a los alumnos a la "referencia gramatical" de la página 139 para repasarlas, y las consultarán si lo necesitan para acentuar las frases del ejercicio.

> 1. enfadó, José, quería, fútbol, televisión, quería, película.
> 2. Raúl, egoísta.
> 3. trabajé, dolía, estómago.
> 4. _____
> 5. deberías, médico.
> 6. sábado, encontré, autobús, Víctor.
> 7. él, molestó, Fátima.
> 8. vendría, más.
> 9. árabe, conversación.

4. Utilizamos la grabación para comprobar y para pronunciar correctamente las frases. El profesor irá señalando a distintos estudiantes para que repitan. Las frases estarán en la pizarra, y un alumno saldrá a acentuar cada frase. Entre todos corregiremos y explicaremos por qué acentuamos o no las palabras, utilizando las columnas que hemos hecho antes para clasificar algunas.

C. Tengo problemas

OBJETIVOS

Comunicación: Pedir y dar consejos. Hablar de sentimientos.
Gramática: El condicional. *Deberías / Lo que tienes que hacer es* + infinitivo.
Yo en tu lugar + condicional.

Antes de empezar

- El profesor comenta que todos tenemos problemas algunas veces, y que estos pueden ser de muchos tipos. Entre todos, vamos diciendo distintas clases de problemas, y se escriben en la pizarra: problemas de salud, de dinero, en el trabajo, problemas con la pronunciación del español, problemas familiares, personales, con los vecinos, en los estudios…

1. Entre todos, hablamos de lo que solemos hacer cuando tenemos un problema. Aparte de las propuestas del ejercicio, aparecerán seguramente otras. Los alumnos van justificando sus respuestas. ¿Alguien ha escrito alguna vez a una revista contando un problema? ¿Y le dieron algún buen consejo?

2. Los alumnos hacen el ejercicio individualmente. Corregimos y revisamos las posibles dudas de vocabulario (*optar por, cortar por lo sano…*).

> **1.** Respuesta 2; **2.** Respuesta 1.

3. Contestamos entre todos.

> 1. Tiene dudas sobre su futuro profesional.
> 2. Porque era muy egoísta. Porque es una amistad de muchos años y le da pena cortarla.

VOCABULARIO

4. Los alumnos completan individualmente y corregimos. Hacemos hincapié, mediante distintas frases, en la diferente estructura de los verbos *acordarse, olvidarse de, recordar, olvidar*, ya que son frecuentes los errores al utilizarlos. Insistimos también en las preposiciones que acompañan a algunos de estos verbos (*optar por, darse cuenta de*).

> **1.** me imagino; **2.** se enfadó; **3.** se me ha olvidado; **4.** te has acordado, se me ha olvidado; **5.** te has dado cuenta de; **6.** optar; **7.** se ha equivocado.

COMUNICACIÓN Y GRAMÁTICA

- Volvemos sobre el texto: ¿qué frases utiliza el especialista del consultorio para dar consejos al final de sus respuestas? Las escribimos en la pizarra:

Deberías cortar por lo sano y buscar otras relaciones.
Deberías consultar a un especialista.

- Vemos el esquema de gramática con las tres formas de dar sugerencias o aconsejar (una más formal, otra más enérgica, y otra más suave). El profesor plantea a los alumnos algunos problemas, y ellos le aconsejan usando alguna de estas tres formas.
Revisamos la morfología del condicional, haciendo notar lo fácil que es: sólo tienen que añadir al infinitivo del verbo las mismas terminaciones que tiene el imperfecto en los verbos de la 2.ª y 3.ª conjugación; y las tres conjugaciones son iguales. Pero cuidado: hay algunos irregulares; revisamos los que vienen en el libro y otros irregulares (*venir, tener*), o verbos que son regulares pero suelen confundirles (*ver*). Esto puede hacerse escribiendo en la pizarra el verbo en infinitivo con un pronombre personal sujeto al lado para que ellos digan la forma correcta.

ESCUCHAR

5. Primero se invita a los alumnos a mirar los dibujos: ¿qué problema pueden tener estas personas? Después escuchan dos veces, completan y corregimos, diciendo cuál era el problema y qué consejo recibe cada uno.

A.
ALICIA: ¿Sabes?, me gusta un chico de la clase de español.
BEA: ¿Ah sí?, ¿quién?
ALICIA: Se llama Peter y es inglés.
BEA: ¿Qué tal es?
ALICIA: Es alto, no muy guapo, pero es simpático y parece tranquilo. Yo creo que también le gusto, porque me he dado cuenta de que me mira mucho, pero no sé qué hacer, porque no estoy segura…
BEA: Yo en tu lugar le preguntaría algo de gramática, le pediría el diccionario, en fin…

B.
GONZALO: Estoy harto de mis padres, me voy a ir de casa.
ADRIÁN: Pero hombre, ¿qué te pasa?
GONZALO: Ya te lo he dicho, estoy harto de mis padres. Son pesadísimos, todos los días me preguntan por las clases, los exámenes, si estudio o no. Mi madre me mira la ropa para ver si fumo. Ayer estaba viendo la tele tan tranquilo y mi padre se sentó a mi lado, a preguntarme por mis amigos, si tengo problemas, en fin, un rollo.
ADRIÁN: Bueno, hombre, no te preocupes, todos los padres, o casi todos, son iguales, tú tranquilo. Lo que tienes que hacer es salir más con nosotros y no contar nada en casa. Yo en tu lugar no me preocuparía. ¿Adónde vas a ir a vivir si no tienes dinero ni trabajo?

1. Yo en tu lugar le preguntaría algo de gramática, le pediría el diccionario…
2. Lo que tienes que hacer es salir más con nosotros y no contar nada en casa. Yo en tu lugar no me preocuparía.

6. Hacen el ejercicio individualmente. Podemos decirles que escriban los consejos usando siempre la estructura *Yo en tu lugar…*, o bien, combinar dos o las tres que hemos visto. Al corregir, diferentes estudiantes darán distintos consejos para el mismo problema. Insistimos en la estructura *Yo en tu lugar…*, haciéndoles ver que puede variar el pronombre según para quién sea el consejo: escribimos en la pizarra *Yo en tu / su / vuestro lugar…* Y planteamos distintos problemas a algunos alumnos para que den una sugerencia:

– *Clara y yo queremos hacer un regalo a un amigo, pero no tenemos mucho dinero.*
– *Yo en vuestro lugar le regalaría un pastel hecho por vosotros mismos.*

– *Mi abuelo está muy solo.*
– *Yo en su lugar me compraría un animal de compañía.*

7. Escuchamos la canción un par de veces y decimos qué palabras sobran. ¿Qué sentimiento expresa?

FE DE ERRATAS: sólo sobran cuatro palabras, y no cinco como dice en las instrucciones.

estupendos – mis – tú – tuya

D. Escribe

> **OBJETIVOS**
>
> **Expresión escrita:** Rellenar formularios.

1. Hacemos el ejercicio entre todos.

> **a.** 3; **b.** 1; **c.** 2.

2 y 3. Rellenan los formularios. El profesor pasa por las mesas revisando y solucionando dudas. El profesor puede traer a clase fotocopiado algún formulario real más para que rellenen con sus datos (o unos inventados, pero lo más reales posible), que responda a alguna situación corriente que pueden encontrarse.

> NOMBRE **Antonio** APELLIDOS **Fernández Herrero**
> DIRECCIÓN **Avda. Filipinas, 32-2.º**
> CIUDAD **Zafra** PROVINCIA **Badajoz**
> AÑO DE NACIMIENTO **1962** DNI **37.282.739**
> PROFESIÓN **Abogado** TEL. MÓVIL **606320718**
> DOMICILIACIÓN BANCARIA
> Nº DE CUENTA **3628 0021 24 2733849221**
> ENTIDAD **Caja Sevilla**

De acá y de allá

Antes de empezar

- Preguntamos a los alumnos a qué edad más o menos suelen marcharse los jóvenes de casa de sus padres en su país.

1. Los alumnos hablan por parejas sobre las cuestiones propuestas en la actividad. El profesor está pendiente de sus producciones, sin estorbar la comunicación.

2. Entre todos vemos qué pueden significar estas palabras, al menos aproximadamente (los alumnos hacen conjeturas). Al leer el texto quedarán más claras. No obstante, los alumnos consultarán su diccionario para estar más seguros.

3. Hacen el ejercicio individualmente y corregimos, leyendo el fragmento donde han encontrado cada respuesta.

> **1.** V; **2.** F; **3.** V; **4.** V; **5.** F; **6.** F; **7.** V.

4. Ponemos en común lo que sabemos y nuestras opiniones sobre el asunto: ¿Cuál es la situación en los distintos países? ¿Por qué? ¿Tiene que ver con nuestra mentalidad o nuestra forma de ser? ¿Creen que los padres deberían animar a sus hijos a independizarse?

Autoevaluación

1.
> es; muy; tiene; tiene; mucho; es; más; persona; es; gusta; está; y; el; muy; pintar.

2.
> **1.** insegura; **2.** aburrido; **3.** egoísta; **4.** simpático; **5.** vaga; **6.** tolerante; **7.** sincero; **8.** insociable; **9.** liso; **10.** feo.

3.
> **1.** operó; **2.** va; **3.** vaya; **4.** sea; **5.** robó; **6.** tiene, está; **7.** sepan; **8.** pueda; **9.** quiera.

4.
> **1.** escribiría; **2.** saldría; **3.** pondrías; **4.** diría; **5.** haríamos; **6.** comería; **7.** viviría; **8.** estudiarías; **9.** buscaría; **10.** vendría.

5.
> **1.** nos divertimos; **2.** se enfada; **3.** se aburre; **4.** me imaginaba; **5.** se olvida; **6.** me acuerdo; **7.** Te has dado cuenta / Te das cuenta; **8.** se llevan; **9.** se preocupa.

6.
> **1.** f, **2.** d, **3.** c, **4.** b, **5.** a, **6.** e.

7.
> **1.** A mí me gusta **que** la gente sea simpática. / A mí me gusta la gente que **es** simpática.
> **2.** Roberto **se** enfadó con su novia.
> **3.** Viven en un piso que **tiene** dos dormitorios.
> **4.** María es **tímida** y **cariñosa.**
> **5.** Roberto tiene **el** pelo castaño.
> **6.** ¿Conoces a alguien que **sepa** hablar japonés?
> **7.** Últimamente se me **olvidan** los nombres de mis amigos.
> **8.** Yo en tu lugar **hablaría** con tus padres.
> **9.** Busco una chica que sea **sincera**.
> **10.** ¿**Te** acuerdas de Elena, la hermana de Jorge?

A. ¡Cuánto tiempo sin verte!

OBJETIVOS

Vocabulario: Acontecimientos de la vida.
Comunicación: Hablar del pasado.
Gramática: Perífrasis verbales (*dejar de, acabar de, volver a, empezar a* + infinitivo / *llevar, seguir, estar* + gerundio.)

Antes de empezar

- El profesor escribirá en la pizarra el título del apartado: *¡Cuánto tiempo sin verte!* ¿En qué situaciones decimos esta frase? ¿Y para mostrar interés por la vida de alguien y que nos cuente cosas? Seguramente aparecerán expresiones como: *¿qué tal te va?, ¿qué es de tu vida?*

1. Hacen el ejercicio por parejas: deben imaginar que se encuentran con su compañero después de un tiempo, estableciendo un diálogo en el que aparecerá este tipo de frases. El profesor irá supervisando las producciones de los alumnos. Algunos pueden representar la escena en clase.

2. Se escucha la grabación y los alumnos rellenan las casillas individualmente.

> **1.** F; **2.** F; **3.** F; **4.** V; **5.** V.

3. Volvemos a escuchar para responder a las preguntas. Ponen las respuestas en común con el compañero y después corregimos entre todos los ejercicios 1 y 2. El profesor podrá hacer preguntas sobre otras informaciones que puedan haber comprendido al escuchar (¿qué tipo de problemas tiene la madre de Javier?, por ejemplo). Puede escucharse de nuevo la grabación para que los estudiantes presten atención a las expresiones y a su entonación, para practicarla después con el profesor.

> LAURA: ¡Hombre, Javier, cuánto tiempo sin verte!
> JAVIER: ¡Hola, Laura, no te conocía! ¿Qué es de tu vida? ¿Acabaste la carrera?
> LAURA: Bueno, la verdad es que no. La vida me cambió mucho. Cuando estaba terminando, encontré un trabajo en una inmobiliaria. Dejé de estudiar y estuve trabajando en esa empresa hasta que conocí a Juan y montamos nuestro propio negocio. Además nos hemos casado y tenemos dos hijos. ¿Y tú qué tal?
> JAVIER: Pues yo terminé la carrera y empecé a trabajar en una agencia publicitaria. Desde entonces, sigo trabajando para la misma empresa, pero ya no vivo en Madrid. He estado viajando por media España: Córdoba, Sevilla, Barcelona...
> LAURA: ¿Y ahora dónde vives?
> JAVIER: Me he comprado una casa en el campo, cerca de Segovia, y llevo viviendo allí dos años.
> LAURA: ¿Y Ana, tu mujer, qué tal?
> JAVIER: Me divorcié hace cuatro años, pero me volví a casar el año pasado. Ahora estamos esperando nuestro primer hijo para el mes que viene.
> LAURA: ¿Y qué haces por Madrid?
> JAVIER: He venido a ver a mi familia. Mi madre ha estado enferma últimamente y he venido a pasar unos días con ella. Bueno, ¿y tú qué haces por aquí?
> LAURA: Estoy esperando a unos amigos para ir al teatro. Hoy mi marido se ha quedado con los niños. Bueno, me voy que ya están aquí. Yo sigo teniendo el mismo teléfono. Llámame un día y conoces a mis hijos y a mi marido.
> JAVIER: ¡Ah, muy bien! Os llamo la semana que viene.

> **1.** Porque encontró trabajo y dejó la carrera. Conoció a su marido y montaron un negocio juntos.
> **2.** En Madrid, en su propio negocio.
> **3.** Madrid, Córdoba, Sevilla y Barcelona.
> **4.** Dos años.
> **5.** No.

6. El mes que viene.
7. Ha venido a pasar unos días con su madre, porque está enferma.
8. En casa, con su marido.

3. Rosa lleva diez años cantando en un coro.
4. Emilio ha dejado de jugar al balonmano.
5. Mi amiga Eva sigue pintando / lleva pintando desde que tenía ocho años.

GRAMÁTICA

- El profesor promueve la reflexión sobre las expresiones con perífrasis que aparecen en el diálogo que hemos escuchado, escribiéndolas en la pizarra.

Después, leemos los ejemplos del esquema de gramática. Entre todos, vemos cómo se forman las perífrasis (pueden escribirse los ejemplos en la pizarra y señalarse de manera diferenciada el verbo conjugado y la forma no personal): siempre tenemos dos verbos, y a veces el primero lleva preposición. El segundo verbo está en infinitivo (recordamos su forma) en algunos tipos de perífrasis, y en gerundio (ídem) en otras. A continuación, explicamos con ayuda de los alumnos el sentido de cada perífrasis, intentando decir lo mismo de otro modo.

– Acabo de ver a Rosa con su novio = He visto (ahora mismo, justo ahora) a Rosa con su novio.
– Dejé de ir al gimnasio… = Antes iba al gimnasio, pero ahora ya no.
– Llevamos viviendo en esta casa más de 10 años = Vivimos allí desde hace más de 10 años.
– Antes tenía el 91 361 34 72. Ahora también. = Sigo teniendo el mismo teléfono.
– Laura se operó de la rodilla y ahora se ha operado otra vez. = Laura se ha vuelto a operar / ha vuelto a operarse de la rodilla.

Para que queden más claros los valores o matices de las distintas perífrasis (inmediatez, comienzo de una acción, interrupción de una acción que era habitual, duración, repetición), ver "referencia gramatical", página 140.

4. Los alumnos hacen individualmente el ejercicio y lo corregimos.

1. b; 2. e; 3. a; 4. d; 5. c; 6. f.

5. Hacemos el ejercicio entre todos. El profesor dice algunas frases más y pide a unos cuantos alumnos que las rehagan con perífrasis para corroborar que se ha entendido.

1. Roberto ha vuelto a jugar al fútbol.
2. Mi hermana acaba de tener / ha vuelto a tener un hijo.

GRAMÁTICA

- Mediante un esquema gráfico y algún ejemplo que muestre el contraste con otras formas que indican acciones puntuales, se explica que esta perífrasis se usa para expresar acciones en desarrollo, haciendo hincapié en la duración.

Estuvimos esperando el autobús (cinco, quince minutos, un rato…).
El autobús llegó (exactamente a las 9:20).

El profesor insistirá en que el uso de marcadores temporales es el mismo que con perfecto, imperfecto e indefinido. Hay que hacer notar a los alumnos, a través de los ejemplos y la práctica, que aunque podemos expresar más o menos lo mismo de otra manera, es importante que manejen las perífrasis, porque se usan mucho en español y contribuyen a una expresión mucho más rica en matices. Ver "referencia gramatical", página 141.

6. Los alumnos hacen el ejercicio individualmente y corregimos. El profesor puede hacer cambios en los marcadores temporales y comprobar la destreza de los estudiantes en el uso de los pasados.

1. ha estado visitando; 2. estuve hablando; 3. estaban durmiendo; 4. has estado jugando; 5. estuvimos viendo; 6. estuvimos hablando / hemos estado hablando; 7. estaba saliendo; 8. ha estado limpiando; 9. estuvo estudiando.

HABLAR

7. Este ejercicio puede hacerse también en grupos de tres, intentando establecer una conversación en la que cada vez es uno quien pregunta y los otros alumnos dan su respuesta. El profesor controlará la práctica oral y ayudará en caso de dudas o problemas, participando también en la conversación si le parece oportuno. Al final, podemos comentar entre todos si hay algún dato sobre los compañeros que les ha sorprendido.

Para la próxima sesión, cada alumno traerá preparadas 4 preguntas más con perífrasis sobre cosas que quieran saber de los compañeros. Durante la clase se las harán al compañero o los compañeros que elijan delante de todos, y así todos sabremos más cosas sobre los otros.

B. La educación antes y ahora

OBJETIVOS

Vocabulario: La educación.
Comunicación: Describir y hablar de hábitos en el pasado.
Gramática: Pretérito imperfecto.

Antes de empezar

- El profesor escribe en la pizarra algunas palabras relacionadas con la educación (por ejemplo, *enseñanza obligatoria, primaria, secundaria, pública, privada, colegio mixto, selectividad, licenciatura...*). Anima a los alumnos a añadir más y a hacer preguntas sobre el sistema educativo español (*hasta qué edad es obligatoria la enseñanza...*). ¿Hay muchas diferencias con sus respectivos sistemas educativos?

1. Después de echar un vistazo a las preguntas del ejercicio, cada uno intenta añadir otras que se le ocurran y pensar (sin escribir) cómo fue su educación primaria o secundaria. En parejas, hablan sobre el tema.

2. Se pregunta a los alumnos si conocen estas palabras y qué creen que significan. Luego, el profesor pondrá a su disposición diccionarios para que las busquen y puedan tener una idea más clara de su sentido.

3. Miran sólo el título del texto. ¿De qué creen que trata? Después de poner en común sus hipótesis, lo leen para comprobarlas. Contestan a las preguntas individualmente y las corregimos entre todos.

> 1. En Estados Unidos, Australia y Canadá.
> 2. Su desacuerdo con el sistema educativo tradicional.
> 3. Bibliotecas, museos, exposiciones, conciertos, parques, zonas deportivas, el entorno natural y urbano, las nuevas tecnologías y los libros.
> 4. El de la socialización.
> 5. Que sus hijos se relacionan con más personas y de edades más variadas que los niños escolarizados.

HABLAR

4. Suscitamos la conversación sobre este asunto haciendo preguntas (*¿qué opinan de este tipo de educación? ¿Está permitido en su país? ¿Hay mucha gente que educa así a sus hijos? ¿Conocen algún caso? Si es así, ¿les parece bueno el resultado?*). Por parejas, completan el cuadro con razones a favor y en contra tomadas del texto y aportadas por ellos mismos, lo ponen en común con otros compañeros, y comentamos entre todos para ver si hay más gente a favor o en contra. Puede hacerse también esta actividad en forma de debate en el que participa toda la clase: la mitad de la clase tiene que dar razones a favor y la otra en contra, y el profesor hace de moderador.

GRAMÁTICA

- El profesor puede escribir en la pizarra un pequeño texto sobre su propia infancia que sirva para ilustrar estos usos del imperfecto. A través de este escrito, hará ver a los alumnos el carácter de repetición, de hábito (reforzado por marcadores temporales y de frecuencia) y el de descripción en el pasado, que se explican en el recuadro de gramática.

5. Se realiza este ejercicio en el momento y entre todos, y después cada uno escribe otras tres frases parecidas sobre sí mismo para leerlas al resto de la clase. ¿Creen que ha cambiado mucho su vida en los últimos años?

> 1. Antes tomaba café, pero ahora tomo té.
> 2. Antes Alicia vivía en Barcelona, pero ahora vive en Madrid.
> 3. Antes mis amigos y yo escuchábamos música rock, pero ahora escuchamos música clásica.
> 4. Antes Luisa iba al trabajo en coche, pero ahora va en metro.
> 5. Antes Joaquín era alegre, pero ahora es serio.
> 6. Antes mis hermanos practicaban ciclismo, pero ahora practican natación.

HABLAR

6. El profesor insiste en que no deben escribir, sino hablar directamente. ¿Qué más quieren saber de su compañero? Pueden hacerle alguna pregunta más (*¿Con qué juguetes jugabas?*).

ESCUCHAR

7. Escuchan la grabación y completan el verdadero / falso. Tras corregirlo, el profesor pregunta si recuerdan alguna diferencia más que hayan dicho en la grabación o algo que les haya llamado especialmente la atención. *¿Cómo es actualmente la enseñanza en su país? ¿Qué cosas han cambiado? ¿Qué creen que debería cambiar?*

> CÉSAR: ¿Escuchaste el programa sobre educación que pusieron ayer en la televisión?
> ANA: Sí, pero no estoy de acuerdo con algunas de las cosas que dijeron. Yo creo que la educación que reciben nuestros hijos hoy en día es mejor que la de antes. Antes sólo se utilizaba la memoria y los alumnos no aprendían a razonar.
> CÉSAR: Pero ahora el gran problema es que los chicos no tienen interés por los estudios y no respetan al profesor. No prestan atención en las clases y así no aprenden nada.
> ANA: Yo creo que antes la relación con los profesores era mucho peor. Los profesores eran muy estrictos y no facilitaban la comunicación con el alumno. Además las chicas estábamos separadas de los chicos y eso no nos preparaba para la vida, donde todos estamos juntos.
> CÉSAR: Sí, pero el silencio y la atención en clase eran mucho mayores y eso facilitaba el aprendizaje.
> ANA: Pero eso no era realmente aprender: no podías participar, no podías hacer preguntas y mucha gente se perdía por el camino.
> CÉSAR: Ahora nuestras escuelas son mixtas, pero también muchos alumnos se pierden, porque cuando un alumno no tiene interés por lo que está aprendiendo yo creo que no tiene solución.
> ANA: Para mí lo importante es convencer al alumno de que tiene que aprender para buscarse un lugar en la vida y facilitarle el trabajo para seguir avanzando, pero si él no hace el esfuerzo de estudiar, el sistema de enseñanza no va a poder hacer nada por él.

1. V; **2.** V; **3.** F; **4.** V; **5.** F; **6.** F; **7.** V; **8.** V; **9.** F; **10.** V.

ESCRIBIR

8. Cada alumno escribe su redacción y algunos la leerán al resto de la clase. El profesor irá revisando y comentará los aciertos y los errores más importantes.

IDEAS EXTRA

- Si los estudiantes tienen un interés especial por el sistema educativo español (o de cualquier otro país hispanoamericano) puede sugerirles que busquen la información en Internet. En el caso de España la encontrarán en la página del Ministerio de Educación y Ciencia.

C. Lo que la vida me ha enseñado

> **OBJETIVOS**
>
> **Gramática:** Pretérito perfecto para hablar de experiencias. Formación de contrarios con *in- (i-)* y *des-*.
> **Pronunciación:** Acentuación de monosílabos.

1. Este asunto puede llevarse al terreno de los idiomas. ¿Creen que es importante el aprendizaje en la calle para saber español?

2. Tras leer el texto, contestan por parejas y corregimos, indicando en qué fragmento del texto han encontrado las respuestas. Después, deberán subrayar los imperfectos y decir para qué se utilizan en cada frase del texto.

1. c; **2.** b; **3.** a.

GRAMÁTICA

- Volvemos a leer el segundo párrafo del texto, ahora en voz alta. Entresacan las frases en las que se usa pretérito perfecto. ¿Cuándo ha aprendido, cuándo ha leído esos libros? Vemos que no se sabe bien cuándo. Leemos el esquema de gramática.

- Puede hacerse el siguiente juego: el profesor entrega a cada alumno una tarjeta con un personaje conocido por los estudiantes de su clase (Cristóbal Colón, por ejemplo) y una serie de acciones en infinitivo para que construyan frases sobre algunas de las cosas que han hecho en su vida. Cada alumno leerá sus frases, y el resto intentará adivinar de qué personaje se trata.

He viajado por lugares desconocidos.
He descubierto un nuevo mundo.

GRAMÁTICA

- Leemos el cuadro de gramática y practicamos con más ejemplos, insistiendo en que el prefijo no es *in-* sino *i-* delante de palabras que empiezan por *-l* o *-r* *(ilógico, irreal, irrespetuoso)*, subrayando la duplicación de la *r*. Recordamos también la regla ortográfica que establece escribir siempre *m* antes de *b* o *p* *(sombra, importante, imbécil, simple)*.

3, 4 y 5. Los alumnos trabajan individualmente haciendo estos ejercicios, contando con la ayuda del diccionario en caso de duda, y corregimos.

> **1.** infeliz; **2.** ilimitado; **3.** intranquila; **4.** deshonesto.

> **1.** necesario; **2.** inexperta; **3.** irresponsable; **4.** inútil; **5.** cómodo; **6.** controlada; **7.** intolerante.

> **1.** desagradable; **2.** insensible; **3.** impaciente; **4.** inmadura; **5.** ilegal; **6.** injusto; **7.** insociable.

PRONUNCIACIÓN Y ORTOGRAFÍA

- El profesor invita a los alumnos a decir palabras de una sola sílaba. Las va escribiendo en la pizarra y comprobamos que no se acentúan. Si aparece alguna que puede acentuarse o no según su sentido o categoría gramatical, el profesor la marca y se lo hace ver a los alumnos escribiendo frases con ella e invitándoles a explicar qué es lo que ocurre. Se lee el cuadro explicativo.

1 y 2. Mientras hacen individualmente este ejercicio, el profesor escribe las frases en la pizarra. Después, varios alumnos irán saliendo a la pizarra a poner los acentos que faltan según vamos escuchando las frases una a una en la grabación, y veremos si estamos de acuerdo, si es correcto y por qué. El profesor pedirá a algunos estudiantes que repitan las frases, y podremos darnos cuenta de lo importante que es poner los acentos en su sitio para entendernos.

> **1.** b) A <u>él</u> no le digas nada.
> **2.** a) El <u>té</u> verde es muy bueno.
> **3.** a) Dame el paquete a <u>mí</u>.
> **4.** b) Yo no <u>sé</u> dónde está Carmen.
> **5.** a) ¿<u>Tú</u> vas a ir a la boda de María?
> **6.** b) <u>Él</u> <u>sí</u> quiere casarse, pero ella no.

3. Los alumnos escriben otras tantas frases como dice el ejercicio. El profesor revisa si las han acentuado correctamente, y entonces las dictan a su compañero. Deben asegurarse de pronunciar y entonar bien. Luego, comprueban qué tal han hecho el dictado.

IDEAS EXTRA

- Se divide la clase en grupos de cuatro y se reparte a cada grupo una serie de tarjetas con palabras. Tienen que intentar construir correctamente diez frases y ser el grupo más rápido en hacerlo. Por supuesto, la actividad se centra sobre todo en que distingan el sentido y la función en la frase de una serie de monosílabos según vayan o no acentuados.

D. Escribe

> **OBJETIVOS**
>
> **Expresión escrita:** Uso de los signos de puntuación (punto, dos puntos y coma).

1. El profesor traerá a clase algunos fragmentos para ilustrar lo que se explica en el esquema, y partiendo de esos ejemplos iremos entre todos viendo el uso de los signos de puntuación en español.

2. El profesor pide a un alumno que lea en voz alta la frase 2, a otro la 3, la 5, la 6, tal y como están. De este modo se verá la importancia de usar correctamente los signos de puntuación para entender lo que leemos y hacernos entender cuando escribimos. Hacen el ejercicio individualmente y corregimos entre todos (el profesor va puntuando las frases en la pizarra como digan los alumnos y se verá si es o no correcto).

> **1.** No tuvo que decirme cuándo, dónde ni por qué.
> **2.** Cambié de imagen y me puse a la moda: bigote, pelo largo, pantalones vaqueros, camisa de flores y sandalias.
> **3.** Jacinto, ven aquí, que voy a contarte algo.
> **4.** Quise pedir un préstamo, pero mi sueldo era muy bajo.
> **5.** No le faltaba razón: ese barco no era seguro.
> **6.** Pedro, ¿estás contento con tu trabajo?
> **7.** Le dije a Adriana: "Estás igual que siempre".
> **8.** Ella no dijo nada. Sin embargo, todos la entendimos.

9. Él me dijo: "Hace más de un año que no veía a Juan".
10. Encontré lo que estaba buscando: tijeras, pegamento, papel y rotuladores.

3. El profesor les dice que no miren el libro y escuchen. Lee el texto tal y como está, todo seguido, sin signos de puntuación. Pregunta a los alumnos si lo han podido entender bien. A continuación, pide que pongan los signos que faltan en el texto, y lo muestra luego bien puntuado en una transparencia, pidiendo a un alumno que lo lea en voz alta.

Mi madre había llegado a Barranquilla esa mañana y no tenía la menor idea de cómo encontrarme. Preguntando por aquí y por allá, le indicaron que me buscara en la librería Mundo. El que se lo dijo le advirtió: "Vaya con cuidado, porque son locos de remate".
Algo había cambiado en ella que me impidió reconocerla a primera vista: había encanecido por completo antes de tiempo, pero conservaba la belleza romana de su retrato de bodas.

De acá y de allá

España y los españoles

1. El profesor trae a clase imágenes de cosas típicas de España y también de otras menos típicas: paisajes contrastados y que quizás no esperan encontrar en este país, etc. ¿Qué saben los alumnos sobre España y sus habitantes? También puede prepararse una grabación con sonidos (cantaor de flamenco, campanadas de la puerta del Sol, sonido de un estadio de fútbol, de un sorteo de lotería, de las Fallas, de una procesión de Semana Santa…) que sugieran a los alumnos distintas pinceladas sobre nuestro país.
Los alumnos hacen el cuestionario, comprueban con el compañero y corregimos entre todos, comentando lo que pueda surgir o nos parezca interesante ampliar sobre los datos del test. Se puede llevar a clase algún pequeño premio simbólico para los que hayan acertado todas las preguntas.

1. una fuente en Madrid; 2. la Giralda; 3. fútbol; 4. Barcelona; 5. Javier Bardem; 6. Juan Carlos I; 7. 40 millones; 8. Cervantes; 9. la paella; 10. AVE.

2. Cada alumno prepara un cuestionario similar sobre su país y sus habitantes y lo entrega al profesor, que selecciona algunos, de modo que sean de países variados. La clase se divide en grupos de tres o cuatro teniendo en cuenta las nacionalidades, y cada grupo completará un cuestionario sobre un país diferente al de sus miembros. Después corregiremos entre todos, poniendo en común lo que hemos aprendido sobre otros países.
En caso de grupos monolingües, podrá hacerse con ciudades o regiones del país del que se trate.

E. Autoevaluación

1.

1. estabas haciendo; 2. estaba comprando; 3. estuve estudiando; 4. Habéis estado comiendo; 5. estaba preparando; 6. estuvimos trabajando; 7. han estado viajando; 8. estuvimos trabajando; 9. he estado esperando; 10. Estábamos viendo.

2.

1. a trabajar; 2. trabajando; 3. de fumar; 4. fumando; 5. viviendo; 6. a vivir; 7. de llamar; 8. estudiando; 9. a casarse; 10. escuchando.

3.

1. iba, voy; 2. vivían, viven; 3. jugábamos, jugamos; 4. era, prefiere; 5. lavaba, lavo; 6. veíamos, vemos; 7. podían, pueden; 8. era, cantaba, canto.

4.

1. injusto; 2. infeliz; 3. deshonesto; 4. incompleto; 5. descansado; 6. desagradable; 7. impopular; 8. inexperto; 9. ilegal; 10. irreal.

5.

1. ha salido; 2. he sido; 3. vivía; 4. desayunaba; 5. bebía; 6. íbamos; 7. Has ido; 8. gustó; 9. quería; 10. estaban.

6.

1. vivía; 2. subía; 3. viajaba; 4. esperaba; 5. se abrazaban; 6. volvía; 7. escuchó; 8. vino; 9. vio; 10. desapareció.

5

A. ¿Por qué soy vegetariano?

OBJETIVOS

Vocabulario: Alimentación.
Gramática: Oraciones finales (*para* + infinitivo / *para que* + subjuntivo)

Antes de empezar

- Colocados en semicírculo, cada alumno dice en voz alta dos alimentos: uno que le gusta mucho y otro que no le gusta, pero que sean de distinto tipo, por ejemplo, una fruta y un lácteo. No se puede repetir alimento.

1. El profesor escribe en la pizarra el cuadro de 5 columnas (carne, legumbres, pescado, etc.). Lo vamos completando entre todos, con ayuda del recuadro y de las fotografías, aclarando vocabulario. El profesor puede traer a clase más imágenes para ilustrar distintos tipos de alimentos.

Carne	filete, salchichas, costillas, lomo de cerdo
Legumbres	garbanzos, lentejas, alubias
Pescado	mejillones, merluza, sardinas, salmón, trucha
Lácteos	yogurt, queso, cuajada, flan
Verduras	berenjenas, coliflor, alcachofas, tomates, acelgas

2. ¿Conocen distintos tipos de alimentación? Escribimos en la pizarra lo que vayan diciendo los estudiantes (aparecerán términos como *comida rápida o basura, dieta mediterránea, comida vegetariana*). Sondeamos a la clase sobre su conocimiento y opinión sobre las cuestiones planteadas en el recuadro, comentándolas entre todos. Esto sirve de preparación para la audición.

3. Los alumnos escuchan un par de veces para responder; después ponen su información en común con el compañero y corregimos.

¿Por qué soy vegetariano?

Yo creo que estaba destinado a ser vegetariano, pues poco a poco me di cuenta de que la carne y todos sus derivados me afectaban físicamente, y empezó a no gustarme la idea de comer animales.

A medida que pasaban los meses dejé primero la carne, después el pollo, el pescado y más tarde los huevos y la leche. Comencé a leer algunos libros interesantes y el que más ha cambiado mi vida ha sido el libro de ***La antidieta***. Una de las cosas que comencé a hacer al leer este libro fue desayunar fruta por las mañanas para desintoxicarme diariamente, así que cada mañana comienzo el día con fruta fresca y zumos y no como nada más hasta el mediodía, para que mi cuerpo pueda limpiarse.

Cuando me convertí en vegetariano, la reacción de los que estaban a mi alrededor (mi familia, amigos, etc.) fue muy cruel. Estaban constantemente insistiendo en ir a tomar una hamburguesa. Ahora, muchos de ellos, incluida mi madre, se han hecho vegetarianos. Mis hijos, por supuesto, serán vegetarianos, y si quieren comer perritos calientes haré todo lo posible para informarles de lo que hay en un perrito caliente antes de comérselo.

Me gusta cocinar muchas cosas. Me encantan las verduras al horno, las zanahorias y las cebollas con un poquito de aceite de oliva, sal y pimienta. Me gustan mucho los cereales y las legumbres, pero mi plato favorito es un pastel de tomate y patatas.

Es estupendo invitar a mis amigos a cenar e impresionarles con una buena comida y, al final de la cena, informarles de que no se han empleado animales en ninguno de los platos.

> 1. Porque se dio cuenta de que la carne le perjudicaba y dejó de gustarle comer animales.
> 2. Carne, pollo, pescado, huevos y leche.
> 3. Para que su cuerpo pueda limpiarse.
> 4. De manera cruel: insistían en ir a tomar una hamburguesa.
> 5. Su madre.
> 6. Explicarles qué contiene.
> 7. Verduras, cereales y legumbres.
> 8. Impresionarles con una buena comida hecha sin emplear animales.

HABLAR

4. Después de marcar con qué frases están de acuerdo y comparar el resultado con el del compañero, las comentamos una a una entre todos, fomentando el debate.

5. Cada miembro del grupo tiene que escribir primero una lista de razones a favor de su postura y en contra de las otras dos. Este ejercicio puede hacerse también dividiendo la clase en tres grupos, cada uno de los cuales defenderá una idea.

GRAMÁTICA

- Leemos la explicación del recuadro sobre las oraciones finales. Para comprobar que se ha entendido, el profesor escribe en la pizarra pares de infinitivos; cada verbo tiene al lado un pronombre personal sujeto, que puede ser el mismo o diferente en los dos infinitivos. Los alumnos deben construir frases con *para* o *para que*.
  – Como **para** sobrevivir.
  – Te llamamos **para que** vengas a la fiesta.
  – Canto **para que** seas feliz.
  – Elisa estudia **para** ser médica.

6 y 7. Los alumnos hacen los ejercicios individualmente y corregimos. El profesor puede introducir cambios en las frases para practicar (por ejemplo, sustituir un *para* por un *para que* e invitar a un alumno a continuar la frase).

> **1.** j; **2.** b; **3.** f; **4.** e; **5.** h; **6.** a; **7.** i; **8.** g; **9.** d; **10.** c.

> **1.** estar; **2.** oír; **3.** riegue; **4.** explique; **5.** saber; **6.** haga; **7.** se seque; **8.** sepas; **9.** cocinar.

IDEAS EXTRA

- Se hace un oyes/dices (véase la explicación de esta actividad en la unidad 1 de esta guía, final del apartado B) con dibujos de alimentos a la izquierda y palabras que designan alimentos a la derecha, o viceversa. Puede realizarse también con partes del cuerpo, que veremos en el próximo apartado, o combinar ambos vocabularios.

B. Las otras medicinas

> **OBJETIVOS**
>
> **Vocabulario:** Medicina tradicional y terapias alternativas. Partes del cuerpo humano.

Antes de empezar

- El profesor escribe en la pizarra algunos trastornos de salud o dolencias comunes (*dolor de cabeza, insomnio, dolor de muelas, tos, resfriado, diarrea, dolor de estómago…*). Se asegura de que entienden las expresiones y pregunta a los alumnos qué hacen cuando les ocurre alguna de estas cosas.

1. Comentamos esas cuestiones entre todos y sondeamos las preferencias de los alumnos (¿medicina tradicional o medicinas alternativas?).

2. Los alumnos hacen el ejercicio individualmente. El profesor estará atento a las dudas de vocabulario que puedan surgir. Lo corregimos y comentamos qué medicina alternativa nos parece más interesante, atractiva, o nos llama más la atención y por qué.

> **1.** hidroterapia; **2.** aromaterapia; **3.** risoterapia; **4.** musicoterapia; **5.** fitoterapia.

3. Los alumnos leen el texto, completan el verdadero / falso, y corregimos, cambiando las afirmaciones falsas y señalando dónde han encontrado la información.

> **1.** F; **2.** F; **3.** V; **4.** F; **5.** V; **6.** V; **7.** V; **8.** F.

ESCUCHAR

- Antes de hacer el ejercicio 4, el profesor hace un repaso de partes del cuerpo: señala en su cuerpo distintas partes y pide cada vez a un alumno que diga cómo se llaman.

4. Los estudiantes van completando el texto a medida que escuchan, y después comprueban con el compañero. ¿Se animan a hacer el saludo al sol, o una parte de él? En tal caso, escucharemos para ello la audición de nuevo.

Si algún alumno practica el yoga, el tai chi, algún tipo de gimnasia o similar, puede proponérsele que nos diga cómo hacer algún ejercicio sencillo: dará instrucciones y las seguiremos.

> **1.** manos; **2.** pecho; **3.** brazos; **4.** cabeza; **5.** pies; **6.** dedos; **7.** pierna; **8.** rodilla; **9.** cuerpo; **10.** frente; **11.** caderas; **12.** manos; **13.** pies; **14.** pie; **15.** pierna; **16.** pie; **17.** rodillas; **18.** espalda; **19.** brazos; **20.** orejas.

EL SALUDO AL SOL

El saludo al sol es un ejercicio de yoga que consiste en una serie de movimientos suaves sincronizados con la respiración. Una vez que haya aprendido las posturas, es importante que las combine con una respiración rítmica.

1. De pie, expire al tiempo que junta las **manos** a la altura del **pecho**.
2. Aspire y estire los **brazos** por encima de la **cabeza**. Inclínese hacia atrás.
3. Expirando, lleve las manos al suelo, a cada lado de los **pies**, de forma que los **dedos** de manos y pies estén en línea.
4. Aspire al tiempo que estira hacia atrás la **pierna** derecha y baje la **rodilla** derecha hasta el suelo.
5. Conteniendo la respiración lleve hacia atrás la otra pierna y estire el **cuerpo**.
6. Apoye las rodillas, el pecho y la **frente** sobre el suelo.
7. Aspire, deslice las **caderas** hacia delante e incline la cabeza hacia atrás.
8. Expire y, sin mover las **manos** ni los **pies**, levante las caderas.
9. Aspire y lleve el **pie** derecho hacia delante. Estire hacia atrás la **pierna** izquierda.
10. Lleve el otro **pie** hacia delante. Estire las **rodillas** y toque las piernas con la frente.
11. Aspire a la vez que inclina la **espalda** con la cabeza hacia atrás y mantiene los **brazos** junto a las **orejas**.
12. Expire al tiempo que regresa a la posición inicial.

C. El sueño

> **OBJETIVOS**
>
> **Gramática y comunicación**: Imperativo para dar consejos.
> **Pronunciación y ortografía**: La *g* y la *j*.

Antes de empezar

- El profesor escribe en la pizarra estos términos y pide a los alumnos que los expliquen en voz alta con sus palabras: *Bostezar, roncar, una pesadilla, insomnio, la siesta.*

- ¿Con qué verbos solemos utilizar las tres últimas palabras (*tener una pesadilla, tener insomnio, echarse la siesta*)?

1. Los alumnos hacen el ejercicio por parejas. Después, algunos alumnos nos contarán lo que saben sobre los hábitos de sueño del compañero.

2. Los alumnos leen el texto y respondemos a la pregunta entre todos.

3 y 4. Los alumnos subrayan los imperativos del texto y, consultando el cuadro de gramática de la página 51, si lo necesitan, los van transformando en imperativos negativos rellenando el cuadro. Primero comentamos el ejemplo (*acuéstese → no se acueste*) y vemos qué pasa con el pronombre al transformar. Al corregir, practicaremos con otros verbos con pronombre.

Acuéstese	No se acueste
Piense	No piense
Cene	No cene
Practique	No practique
Cambie	No cambie
Duerma	No duerma
Dese	No se dé

HABLAR

5. Podemos hacer entre todos en la pizarra una lista de consejos para dormir bien. Cada alumno sale y escribe uno diferente. El profesor puede animar a los alumnos a jugar con el imperativo, haciendo cambios en las frases (hablar de *tú* en vez de de *usted*, transformar en afirmativo o negativo…)

IDEAS EXTRA

- Para repasar el imperativo, sobre todo los irregulares, el profesor pasa una bolsita con tarjetas; cada una tiene una frase con el verbo en imperativo negativo o afirmativo. Un alumno saca una tarjeta y lee la frase en voz alta, y su compañero tiene que transformarla rápidamente en afirmativa o negativa.

GRAMÁTICA

6. Los alumnos hacen el ejercicio individualmente y corregimos. ¿Se les ocurre algún consejo más?

> **a.** No tomes; **b.** Elige; **c.** No duermas; **d.** Rompe; **e.** Pon; **f.** Levántate; **g.** No olvides.

PRONUNCIACIÓN Y ORTOGRAFÍA

- Con el libro cerrado, los alumnos tienen que escribir en un minuto todas las palabras que conozcan que empiezan por **g-**. Después se hace lo mismo con la **j-**. Luego el profesor pide que lean algunas de cada en voz alta y corrige lo que sea necesario, escribiendo en la pizarra aquellas en que haya dudas.

1. Iremos parando la grabación al final de cada hilera de palabras, y cada una será repetida por un alumno, deteniéndonos en caso de dificultades.

2. La manera más rápida y práctica de corregir este ejercicio es una transparencia. Si no es posible, se escribirán las frases en la pizarra para aprovechar el componente visual a la hora de asimilar la ortografía.

> 1. El jueves pasado jugué al fútbol con Martín.
> 2. El guepardo es un animal muy rápido.
> 3. Lávate las manos con jabón.
> 4. El novio de Isabel es muy guapo.
> 5. En el jardín de Luis hay dos geranios.
> 6. Tu corbata es igual que la mía.
> 7. Luis, toca la guitarra, por favor.
> 8. Julia, tráeme la agenda que está al lado del teléfono.
> 9. María ha tejido en jersey para su nieto.
> 10. Para llegar al hotel, sigue todo recto y luego gira a la derecha.

> **1.** jueves, jugué; **2.** guepardo; **3.** jabón; **4.** guapo; **5.** jardín, geranios; **6.** igual; **7.** guitarra; **8.** agenda; **9.** tejido, jersey; **10.** llegar, sigue, gira.

3. Vamos parando frase por frase y pidiendo a algún alumno que repita.

D. Escribe

> **OBJETIVOS**
>
> **Expresión escrita:** Carta a un consultorio médico.

Antes de empezar

- Conviene repasar entre todos algo de vocabulario relacionado con las enfermedades. ¿Qué suelen hacer cuando les duele algo o están enfermos? ¿Intentan curarse con remedios naturales, van al médico, consultan a su farmacéutico? ¿Escribirían a un consultorio médico?

1 y 2. Una vez comprobado que los alumnos han ordenado correctamente los párrafos, hablan en parejas de posibles respuestas a estos casos.

> A – 1. Soy un hombre… A – 2. Cuando subo…
> A – 3. Hace dos semanas... B – 1. Desde hace tres… B – 2. A los pocos días… B – 3. Estoy a la espera…

3. Antes de escribir su carta, se pide a los alumnos que localicen en los dos textos vistos esas informaciones (cuándo han empezado las molestias, etc.) Después, siguiendo esas pautas, elaboran su escrito, que recogerá el profesor para corregirlo. Puede escribirse en la pizarra alguna sugerencia que sirva de tema para la consulta (*dolor de muelas, de cabeza, mareos…*).

De acá y de allá

1. Los alumnos leen el texto y solucionamos posibles dudas de vocabulario. Después, contestan individualmente las preguntas y las corregimos entre todos.
Cada alumno elabora un texto parecido sobre su país o sobre un lugar o región de su país. Deben hablar de cómo es la gente, de qué se puede hacer allí, de la comida y de qué se puede comprar, etc. Luego, lo intercambian con un compañero, que lo corrige y aprende. También podemos leer algunos en clase y comentar qué destino elegiría cada uno.

1. En América, en el Caribe.
2. La Habana.
3. Hospitalarios y sonrientes.
4. Broncearse y descansar en la playa, bucear.
5. Distintos tipos de corales y peces.
6. Un plato cubano de arroz con frijoles.
7. Natillas y arroz con leche.
8. Puros habanos y música cubana.

E. Autoevaluación

1.

1. d; 2. j; 3. h; 4. b; 5. f; 6. e; 7. a; 8. g; 9. c; 10. i.

2.

1. para que no haga.
2. para hacer.
3. para adelgazar.
4. para que haya.
5. para no tener.
6. para que jueguen.
7. para que compre.
8. para que no salga.
9. para ver.
10. para que vengan.

3.

1. cabeza.
2. brazos.
3. manos.
4. piernas.
5. pies.
6. dedos.
7. rodillas.
8. caderas.
9. pecho.
10. espalda.

4.

Decir	afirmativo	negativo
tú	*di*	no digas
usted	diga	*no diga*
vosotros/as	*decid*	*no digáis*
ustedes	*digan*	no digan

Ir	afirmativo	negativo
tú	ve	*no vayas*
usted	*vaya*	no vaya
vosotros/as	*id*	*no vayáis*
ustedes	vayan	*no vayan*

Hacer	afirmativo	negativo
tú	*haz*	*no hagas*
usted	*haga*	*no haga*
vosotros/as	haced	*no hagáis*
ustedes	*hagan*	no hagan

Venir	afirmativo	negativo
tú	*ven*	*no vengas*
usted	*venga*	no venga
vosotros/as	venid	*no vengáis*
ustedes	vengan	*no vengan*

Salir	afirmativo	negativo
tú	sal	*no salgas*
usted	*salga*	no salga
vosotros/as	*salid*	*no salgáis*
ustedes	*salgan*	*no salgan*

5.

1. ¡Di la verdad! / ¡No digas la verdad!
2. ¡Ve al dentista! / ¡No vayas al dentista!
3. ¡Salid de uno en uno! / ¡No salgáis de uno en uno!
4. ¡Apague la luz, por favor! / ¡No apague la luz, por favor!
5. ¡Haz lo que te han dicho! / ¡No hagas lo que te han dicho!
6. ¡Pon la televisión, por favor! / ¡No pongáis la televisión, por favor!
7. ¡Bajen el volumen, por favor! / ¡No bajen el volumen, por favor!
8. ¡Siga los consejos! / ¡No siga los consejos!

6.

1. para que.
2. Haz.
3. cuerpo.
4. no dejes.
5. para.
6. Vete.

7.

1. V; 2. F; 3. V; 4. V; 5. F; 6. F.

6

A. Ecológicamente correcto

> **OBJETIVOS**
>
> **Vocabulario:** Ecología.
> **Comunicación:** Expresar opiniones y sentimientos.
> **Gramática:** *Me preocupa, me molesta, no me importa que* + subjuntivo.

Antes de empezar

- El tema de la conservación del medio ambiente no tiene la misma importancia en todos los países. Los países más industrializados (los que contaminan más), en general, están más concienciados, y los estudiantes de dichos países conocen el tema. En cambio, otros países no tienen tradición ecológica y, por tanto, tienen menos recursos para tratar el tema. Según el contexto de la clase, el profesor puede dedicar más o menos tiempo a introducir el tema en general, adaptándolo a los problemas medioambientales del país. Se puede hablar desde la contaminación del tráfico, la contaminación acústica, la sequía, la extinción de algunas especies animales, etc. En última instancia, la responsabilidad de la conservación del planeta es una tarea de todos, sin excepción.
  Escribimos en la pizarra la pregunta:
  ¿Cuidas el medio ambiente?

- Hacemos dos columnas, una encabezada por un signo más y otra por un signo menos: cada alumno debe decir una cosa que hace bien y ayuda a conservar el medio ambiente, y otra que hace mal y que es perjudicial. Puede empezar el profesor escribiendo una frase en cada columna.

1. Hablan sobre estas cuestiones por parejas y ponemos en común ideas y opiniones. Se escriben en la pizarra los problemas medioambientales que vayan diciendo los alumnos. Entre toda la clase, decidimos cuál nos parece el problema medioambiental más importante.

2. Rellenan el cuestionario individualmente y comentan el resultado con el compañero. Vemos qué resultado ha obtenido la mayoría de la clase.

ESCUCHAR

3 y 4. Pueden marcar las afirmaciones individualmente, o entre toda la clase. Después, escuchamos para comprobar. Si el profesor lo prefiere, puede corregir las afirmaciones antes de escuchar, de forma que los estudiantes estén más preparados y tengan más conocimiento sobre el tema.

ENTREV.: Hoy tenemos con nosotros a un representante de la organización Greenpeace en España. Buenas tardes, Miguel. ¿Cuáles son los objetivos de vuestra organización?

MIGUEL: Greenpeace es una organización internacional que trabaja para conseguir un mundo mejor para las futuras generaciones. Queremos que el mundo esté libre de guerras y que nuestro medio ambiente sea más limpio. Por todo esto nos preocupa que haya atentados ecológicos como la deforestación, la contaminación de la atmósfera y de los océanos.

ENTREV.: ¿Vosotros creéis que la situación del planeta tiene arreglo en el futuro?

MIGUEL: A nosotros nos gustaría. Para ello, las empresas, los gobiernos y las organizaciones ecologistas deben trabajar conjuntamente. El tiempo para salvar nuestro planeta se está agotando y no entiendo por qué las grandes industrias no hacen algo. Si no se cambian las formas de organización, puede que muy pronto sea demasiado tarde.

ENTREV.: ¿Os sentís comprendidos por la gente?

MIGUEL: En algunas acciones sí, pero, en otras, no tanto. A mí me molesta que algunas personas me consideren un terrorista por defender el medio ambiente. Nosotros, la gente de Greenpeace, sólo somos un grupo de personas con una misión común: defender la tierra.

ENTREV.: Y desde aquí, ¿cómo podemos ayudaros?

MIGUEL: Lo ideal sería conseguir más socios. Necesitamos dinero para continuar con nuestras campañas. Por favor, ayúdanos a ayudarte.

ENTREV.: Muchas gracias, Miguel. Espero que esta entrevista os ayude en vuestra lucha contra la contaminación del planeta.

MIGUEL: Muchas gracias.

1. F; **2.** F; **3.** V; **4.** F; **5.** V.

5. Escuchan de nuevo y contestan a las preguntas por parejas, para poner después las respuestas todos en común.

1. Defender la tierra.
2. Cuestiones como la contaminación y la deforestación.
3. Los gobiernos, las empresas y las organizaciones ecologistas.
4. No siempre.
5. Haciéndose socio y enviando dinero a Greenpeace.

COMUNICACIÓN

- Leemos entre todos el recuadro sobre expresar sentimientos y opiniones. Con un par de ejemplos en la pizarra nos aseguramos de que quede claro que la coincidencia o no del sujeto lógico determina el uso de una u otra estructura:

Me preocupa gastar demasiada agua.

¿Quién está preocupado? Yo. ¿Y quién gasta demasiada agua? Yo.

Los sujetos lógicos coinciden → usamos infinitivo.

Me preocupa que no separes los distintos tipos de basura.

¿Quién está preocupado? Yo. ¿Y quién no separa las basuras? Tú.

Los sujetos son diferentes → usamos subjuntivo.

5. Los alumnos hacen el ejercicio individualmente y lo corregimos. Después, se escribe lo siguiente en grande en la pizarra o se pone en una transparencia:

Nuestro planeta: Las organizaciones ecologistas, Yo, Los incendios forestales, Los gobiernos, El aire, Los animales, El mar, El ruido, La ciudad, Las plantas, La gente, La contaminación.

- Los alumnos tienen que decir, inspirándose en esos elementos dados, frases que expresen sus sentimientos y opiniones sobre temas medioambientales. Deberán utilizar verbos como *molestar, preocupar, encantar...* Empieza el profesor.

Me molesta que los científicos experimenten con animales.

1. b; **2.** a; **3.** c / d / e / f; **4.** d / e / f; **5.** c / d / e / f.

7. Los alumnos completan las frases y corregimos.

1. la gente no cuide; **2.** el gobierno no solucione; **3.** la televisión haga; **4.** lleve; **5.** los políticos no colaboren; **6.** no llueva.

IDEAS EXTRA

- Una manera de hacer este tipo de ejercicios puede ser mediante este juego: la clase se divide en dos grupos, y cada alumno recibe dos tarjetas, una azul y otra amarilla. Cada tarjeta amarilla del grupo A tiene escrito el principio de una frase, que encaja con un final de frase escrito en alguna tarjeta amarilla del grupo B. En el caso de las tarjetas azules, el grupo B tiene los comienzos y el A los finales de frase. Un alumno lee el principio de una frase y otro tiene que estar atento para continuarla, si es que encaja con lo que hay escrito en su tarjeta.

Otra posibilidad: cada alumno saca de una bolsa un papelito con un principio o final de frase y tiene que decir en voz alta una frase entera.

8. Podemos proponer que se haga este ejercicio en forma de carta a los gobernantes, canción o poema.

B. Silencio, por favor

OBJETIVOS

Comunicación: Hacer valoraciones y recomendaciones. Expresar obligaciones personales o impersonales.
Gramática: *Es conveniente, necesario, (no) hace falta* + infinitivo / + *que* + subjuntivo; *hay que* + infinitivo.
Pronunciación y ortografía: *qu, z* y *c*.

Antes de empezar

- Escribimos en la pizarra: *"Silencio, por favor"*. Preguntamos a los alumnos en qué situaciones podemos oír, leer o decir esta frase.
  ¿Sobre qué creen que trata el texto que vamos a leer?
  ¿Les parece que somos ruidosos los españoles?

1. Los alumnos nombran algunos de los ruidos molestos que les rodean. El profesor soluciona posibles dudas de vocabulario.

2 y 3. Los alumnos leen el texto. Ahora que saben de qué trata, pueden inventar otro título distinto para él. Después de elegir el título más adecuado, hacen el ejercicio 3 y lo corregimos.

> **1.** insonorizados; **2.** silencioso; **3.** contaminación acústica; **4.** ruidoso.

4. Releen el texto para contestar las preguntas. Corregimos y se pide a los estudiantes que subrayen en el texto las frases que indican qué cosas tienen que cambiar para reducir la contaminación acústica.
Luego hacemos en la pizarra una lista con todas estas frases:
Es importante que las costumbres cambien.
Es necesario que estos locales estén bien insonorizados.

- Leemos entonces el cuadro que explica cómo expresar obligaciones, valoraciones y recomendaciones.

> **1.** La Organización Mundial de la Salud.
> **2.** Japón y España.
> **3.** Insonorizando los locales y respetando los horarios de cierre.
> **4.** Estableciendo recorridos fuera de las horas de sueño.
> **5.** Denunciar los abusos.

5. Este ejercicio puede hacerse en este momento o después de corregir el 6 y el 7. Leeremos en clase las distintas recomendaciones contra la contaminación acústica.

6 y 7. Para practicar, los alumnos hacen estos dos ejercicios. El 6 lo corrigen entre 4 estudiantes, reproduciendo el diálogo. Se verá que hay varias posibilidades.

> **1.** hay que; **2.** es necesario que; **3.** hay que; **4.** Hace falta que; **5.** hay que; **6.** es necesario que; **7.** es importante.

> **1.** Es conveniente que; **2.** No hay que; **3.** Hay que; **4.** Es necesario; **5.** No es necesario; **6.** Hay que; **7.** Es necesario; **8.** No es necesario que.

PRONUNCIACIÓN Y ORTOGRAFÍA

1 y 2. Completan las frases y escuchan la cinta. Corregimos en la pizarra (puede salir un alumno a completar las frases) o mediante una transparencia.

> **1.** Es conveniente que los bares cierren a las once.
> **2.** En las zonas de ocio hay mucho ruido.
> **3.** Dicen que van a fabricar coches más silenciosos.
> **4.** *Greenpeace* es una organización dedicada a defender la naturaleza.
> **5.** Las denuncias que hacen los vecinos son inútiles.

> **1.** que, cierren, once; **2.** zonas, ocio; **3.** Dicen, que, fabricar, coches, silenciosos; **4.** organización, dedicada, naturaleza; **5.** denuncias, hacen, vecinos.

- Al hilo de las palabras de estas frases, recordamos entre todos las reglas de pronunciación y ortografía del recuadro. Después, se invita a que cada alumno invente 5 frases-trabalenguas con estos sonidos y se las dicte a su compañero. Cuidado: tienen que asegurarse de pronunciarlas correctamente. ¿Qué tal lo han hecho?
A Cecilia se le cayó el cazo de caldo.

c. La ecologista keniana

> **OBJETIVOS**
>
> **Comunicación:** Hacer comparaciones.
> **Gramática:** Comparativos y superlativos.
> **Vocabulario:** Accidentes geográficos.

Antes de empezar

- Se anima a los alumnos a nombrar a personas famosas que han destacado por defender alguna causa medioambiental (Sting, Brigitte Bardot…).

1. Preguntamos si conocen a Wangari Maathai. Si es así, ¿qué saben de ella?

2. Para aprender más sobre esta ecologista, se lee el texto y los alumnos rellenan el verdadero / falso. Al corregir, el profesor pregunta sobre alguna cuestión del texto para profundizar en su comprensión (¿qué estudios tiene Wangari Maathai? ¿Qué hace Cinturón Verde además de plantar árboles?, etc.).

> **1.** F; **2.** V; **3.** V; **4.** V; **5.** V; **6.** F.

VOCABULARIO

3. El profesor lleva a clase fotografías que ejemplifiquen estos términos. Los alumnos tienen que asignar a cada foto una palabra. A la par, vamos haciendo entre todos el ejercicio.

> **1.** río; **2.** océano; **3.** cordillera; **4.** país; **5.** desierto; **6.** mar; **7.** una isla; **8.** selva; **9.** continente; **10.** cañon.

IDEAS EXTRA

- Para repasar este vocabulario en un momento dado, en grupos de tres, se les reparten dados, fichas y cualquier tablero de un juego parecido al parchís, la oca, etc. Al caer un alumno en determinadas casillas, su compañero de al lado le hace una pregunta que saca de una caja con papelitos que le ha dado el profesor. Si responde correctamente, tira otra vez. Las preguntas versan sobre accidentes geográficos:

– *Está rodeada de agua por todas partes.*
– *Es una isla.*
– *¿Qué es el Atlántico?*
– *Un océano*
– *El del Colorado es el más famoso.*
– *Un cañón.*
– *España, China, Francia, son nombres de…*
– *Países.*

En este juego pueden combinarse vocabulario o preguntas de varios tipos, para que sea más variado y rentable.

GRAMÁTICA

4 y 5. Revisamos primero el cuadro de gramática, insistiendo en los comparativos irregulares. Escribimos en la pizarra algunos pares para que hagan comparaciones.
Mariano, 70 kg. / Pedro, 73 kg.
Pedro pesa más que Mariano.

Ágata, 8 años. / Itziar, 12 años.
Ágata es menor que Itziar.

Revisamos el cuadro de superlativos.
Después hacen los ejercicios y comparan con el compañero.

> **1.** más.
> **2.** menos, que.
> **3.** más, que.
> **4.** menos, que.
> **5.** tanto, como.
> **6.** mayor, que.
> **7.** menos, que.
> **8.** tantos, como.

> **1.** más.
> **2.** menos lluviosos.
> **3.** más dañada.
> **4.** tan fría.
> **5.** mayor.
> **6.** más habladas.
> **7.** menor que.
> **8.** más, larguísimo.
> **9.** peores.
> **10.** mejor.

D. Escribe

> **OBJETIVOS**
>
> **Expresión escrita:** Cartas al director.

1. Los alumnos trabajan de tres en tres. El profesor reparte a cada grupo una carta al director diferente de unas cuantas que ha seleccionado (deben ser de un tema atractivo, y comprensibles para el nivel del grupo). Los grupos se las van intercambiando para leer varias distintas. Después, comentamos entre todos cuáles de las funciones señaladas en la lista del ejercicio 1 son las más adecuadas, poniendo ejemplos de lo que hemos leído.

> Todas las funciones que aparecen son habituales en las cartas al director, excepto la última (*felicitar a alguien el cumpleaños*), que es posible, pero no habitual.

2. Los alumnos leen las dos cartas y resumen el contenido de cada una. Se invita a los estudiantes a fijarse en la estructura de las cartas y las describimos juntos:

Carta primera: en el párrafo primero el autor se presenta, en el segundo párrafo da su opinión sobre el tema que le preocupa (*En mi opinión...*), y en el tercero explica el motivo principal de la carta: agradecer la publicación de un artículo determinado.

Carta segunda: hay que destacar, por una parte, la invocación a la autoridad, responsable del problema que preocupa al escritor: *Señor alcalde*. Hágase notar que la carta está dirigida al director del periódico, pero la autora hace como que se dirige al alcalde. En segundo lugar, lo más relevante es la expresión de los sentimientos tan fuertes de la autora ante la suciedad de su ciudad: pena y asco (*"siento náuseas..."*).

> **Carta 1:** el autor expresa su preocupación por la contaminación acústica y su agradecimiento al periódico por publicar un artículo sobre el tema.

> **Carta 2:** expresa su tristeza y su enfado por la suciedad de las calles de Madrid.

3. Las actividades anteriores han servido de preparación para que ordenen la carta. Lo hacen individualmente y revisamos el resultado. Después completan la parte que falta y leemos algunas en clase.

> B – C – A – D

De acá y de allá

Antes de empezar

- Se anima a los alumnos a decir cuál es el monumento natural o hecho por el hombre que más les gusta (no vale George Clooney). Lo escribimos en la pizarra y hacemos una votación para elegir el más impresionante de todos.

1. Por parejas, comentan si existe en su país o han visto en sus viajes alguna otra maravilla del mundo o algo que ellos consideren que pudiera serlo, hablando de su experiencia al verla. El profesor invitará luego a algunos alumnos a compartirla con el resto del grupo.

2. Leemos el texto. ¿Cuál de los tres lugares votarían ellos? Hacen el verdadero/falso y corregimos, justificando la respuesta con información del texto.

> **1.** V; **2.** F; **3.** V; **4.** F; **5.** V; **6.** V; **7.** V.

E. Autoevaluación

1.
> 1. no quiera.
> 2. suba.
> 3. no ayuden.
> 4. hagamos.
> 5. encuentren.
> 6. sea.
> 7. no tenga.
> 8. vayamos.
> 9. pongan.
> 10. piensen.

2.
> **1.** ruidosa; **2.** ruido; **3.** insonorizada; **4.** acústica; **5.** ruidosa.

3.

1. vayamos; 2. te levantes; 3. tener; 4. esté; 5. llamar; 6. deje; 7. conseguir; 8. te pongas; 9. leáis; 10. terminar.

4.

1. Alpes.
2. Nilo.
3. Australia.
4. Pacífico.
5. Sahara.
6. Amazonía.

5.

1. más; 2. peor; 3. mejor; 4. menor; 5. tantas; 6. tantos; 7. tan; 8. que; 9. mejores; 10. más.

6.

1. Porque el tiempo es mejor que en sus países.
2. Porque la comida y la bebida son más baratas que en sus países.
3. Porque la vida nocturna es más animada que en sus países.
4. Porque los hoteles son menos caros que en sus países.
5. Porque las playas son mejores que en sus países.
6. Porque el precio de la gasolina es mejor que en su país.
7. Porque la contaminación en sus ciudades es peor/ mayor.

7.

1. F; 2. V; 3. V; 4. F; 5. F.

7

A. Un buen trabajo

OBJETIVOS

Comunicación: Hablar de condiciones de trabajo.
Vocabulario: Profesiones y mundo laboral.

Antes de empezar

- El profesor invita a los estudiantes a decir a qué se dedican y vamos viendo en la pizarra ese vocabulario de profesiones. ¿Qué es lo que más les gusta de su trabajo? ¿Y lo que menos? ¿Cuando eran pequeños, qué querían ser de mayores?

1. Individualmente, señalan en la lista las que consideran características a favor de un trabajo. Después, comentan por parejas, teniendo en cuenta lo que han marcado, cuál les parece el trabajo ideal. Se hace una puesta en común. De las características de la lista o de otras diferentes, ¿cuál les parece la más importante?

2. Los alumnos completan la tabla individualmente. Durante la corrección, el profesor va organizando en la pizarra los nombres de profesión en función de los distintos modos de formación del género (*el o la futbolista / el o la cantante / el abogado, la abogada…*).

- Por motivos sociolingüísticos -hace más de cincuenta años las mujeres no ejercían muchas profesiones que estaban reservadas a los hombres-, los nombres de profesionales-mujeres no siempre siguen criterios fijos. Se pueden observar varias oposiciones:
  el camarero / la camarera
  el profesor / la profesora
  el pianista / la pianista
  el cantante / la cantante
  el dependiente / la dependienta

- A veces, la forma femenina tiene dos posibilidades:
  el médico / la médico – la médica
  el juez / la juez – la jueza; el jefe / la jefe – la jefa

- Otros nombres tienen una forma única para los dos géneros:
  el piloto / la piloto
  el modelo / la modelo

> *el futbolista/la futbolista; el bailarín/la bailarina; el peluquero/la peluquera; el cocinero/la cocinera; el fontanero/la fontanera; el abogado/la abogada; el periodista o reportero/la periodista o reportera; el cantante/la cantante.*

HABLAR

3. Cada alumno toma algunas notas muy esquemáticas basándose en las preguntas y éstas le sirven de guión para conversar con el compañero. El profesor pasa revisando las producciones orales de sus alumnos.

ESCUCHAR

4. Antes de escuchar, aclare el vocabulario relacionado con el mundo del trabajo, que resulta muy rentable: *contrato fijo, plus por desplazamiento, suplencia, test psicotécnicos*. También se puede comentar brevemente el papel de las ETT y si les parecen útiles. Escuchan una vez los dos diálogos seguidos. Después escuchan el A y corregimos las preguntas. Hacemos lo mismo con el B.

> FERNANDO CASILLAS, 21 AÑOS,
> ESTUDIANTE DE EMPRESARIALES.
> Lleva un mes y medio como vendedor en las tiendas de Duty Free del aeropuerto de Barajas. Trabaja nueve horas tres días seguidos, y descansa dos.
> Le llamaron enseguida de la ETT donde presentó la solicitud. Firmó un contrato de seis meses. Del modo de funcionamiento de la ETT le parece positivo el acceso rápido y fácil a un trabajo que le gusta y le sirve de complemento a sus estudios. El horario es cómodo y le permite seguir estudiando.

El aspecto negativo es que, aunque realiza el mismo trabajo que sus compañeros con contrato fijo, gana menos que ellos y tiene menos privilegios. Dice: "Cobro menos que ellos y no me dan un plus por desplazamiento, ni gano comisiones por ventas, pero no me quiero quejar. Antes estuve seis meses trabajando en un centro comercial y era mucho peor. Algunas semanas trabajaba 30 horas y otras 14, y como cobraba por horas, no podía contar con ingresos fijos".

MARTA RODRÍGUEZ, 27 AÑOS,
SECRETARIA DE DIRECCIÓN.

Hace unas semanas firmó su segundo contrato con una ETT. Trabaja como auxiliar administrativa en una empresa de comunicación. Horario: de lunes a viernes, de 9:30 a 18:30.

Después de pasar por varios trabajos, Marta se decidió a enviar su currículo a una ETT, con el fin de ahorrar tiempo y dinero en la búsqueda de trabajo. Primero le ofrecieron una suplencia de tres semanas. Después le llegó su trabajo actual, un contrato de tres meses, con posibilidades de quedarse fija en la empresa. Lo que menos le gusta son las pruebas tan duras que hacen en la ETT: "Son gente agradable, pero los test psicotécnicos y de matemáticas son para volverse loca". Tampoco le parece bien la poca información que recibió al firmar el contrato. Dice: "No sabía a qué empresa iba ni qué iba a hacer en ella".

En el aspecto positivo, valora la precisión de los contratos que ofrecen las ETT. "Son los más perfectos que he visto en mi vida, está todo bien especificado. En el trabajo actual estoy contenta, me siento como una más de la empresa y, además, creo que me pagan bien".

A.
1. Un mes y medio.
2. Es vendedor.
3. Trabaja nueve horas tres días seguidos y descansa dos.
4. El acceso fácil y rápido a un trabajo que le gusta y en el que aprende.
5. Que gana menos que sus compañeros y tiene menos privilegios: no cobra plus de desplazamientos ni comisiones por ventas.
6. Mucho peor porque no tenía ingresos fijos.

B.
1. Es secretaria de dirección, pero trabaja como auxiliar administrativa.
2. Trabaja de lunes a viernes, de 9:30 a 18:30.
3. Una suplencia de tres semanas.
4. Las pruebas que hacen y la poca información al firmar el contrato.
5. Que los contratos están muy claros.

5. La audición anterior ha servido de ayuda para que realicen este ejercicio individualmente. Tras corregirlo, el profesor pide a algunos alumnos que cuenten cómo encontraron su trabajo actual. El profesor puede ayudar haciéndoles preguntas para que continúen dando más información (¿qué pruebas te hicieron? ¿Cuáles eran las condiciones? ¿Han cambiado mucho desde que empezaste?).

1. paro; 2. anuncio; 3. currículo; 4. entrevista; 5. firmar; 6. contrato; 7. extras; 8. sueldo; 9. fijo; 10. despidieron; 11. paro.

LEER

6. Los estudiantes leen los anuncios y vemos entre todos cuál es la respuesta a cada pregunta. Revisamos un poco las expresiones y siglas utilizadas *(experiencia demostrable, se exige/ requiere..., disponibilidad para..., CV = curriculum vitae).*

1. En el de administrativo.
2. En el de reportero.
3. En el de administrativo.

IDEAS EXTRA

- Cada alumno redactará un anuncio parecido ofreciendo trabajo. Debe ser breve y claro y contener el lenguaje y expresiones propios de este tipo de textos. Además de en los ejemplos del libro, pueden inspirarse en la sección de anuncios de un periódico.

El profesor recogerá y corregirá los anuncios y los pondrá en la pared de la clase.

B. Cuando pueda, cambiaré de trabajo

> **OBJETIVOS**
>
> **Gramática:** *Cuando* + subjuntivo (futuro). Oraciones temporales con *cuando*.

Antes de empezar

- Hablamos entre todos. ¿Saben lo que es el teletrabajo? ¿Conocen a alguien que trabaje de ese modo? ¿Les atrae esta forma de trabajar, o prefieren otra? ¿Por qué?
  No todas las profesiones se pueden realizar a distancia. ¿Qué tipo de empleos admiten esta opción?

1. Continuamos la conversación a través de las afirmaciones de este ejercicio: los alumnos dan su opinión.

2. Los alumnos leen el texto y contestan el verdadero/falso. No todas son afirmaciones tajantes, por ejemplo la afirmación **c** se presta a discusión. En principio, los medios tecnológicos facilitan la comunicación, pero, como se desprenderá del texto, se pierde en la comunicación personal, en el contacto humano.

> **a.** V; **b.** V; **c.** F; **d.** V.

3. Hacen el ejercicio y corregimos:

> **1.** e; **2.** d; **3.** a; **4.** g; **5.** h; **6.** b; **7.** c; **8.** f.

4. Hacen el ejercicio por parejas y lo corregimos:

> **1.** F (Estaban en permanente comunicación por móvil y por correo); **2.** V; **3.** F (Ángela charlaba por Internet); **4.** V; **5.** V; **6.** V; **7.** V.

HABLAR

5 y 6. Elaboran la lista por parejas. Después, en grupos de cuatro, expresan su opinión sobre el teletrabajo basándose en la lista que han escrito. El profesor supervisa sus intervenciones.

GRAMÁTICA

- Leemos el cuadro de gramática y ponemos algunos ejemplos más. Insistimos en que deben acentuar *cuándo* en las interrogativas.

7 y 8. Hacen los ejercicios individualmente y comprueban con el compañero. Corregimos entre todos.

> **1.** Llamaré a Rosa cuando llegue a casa.
> **2.** Iré a verte cuando vaya a Valencia.
> **3.** Pondré la tele cuando termine este trabajo.
> **4.** Saldré de compras cuando el jefe me pague
> **5.** Compraré un piso cuando tenga un trabajo fijo.
> **6.** Volveré a mi pueblo cuando tenga vacaciones.

> **1.** sea; **2.** tenga; **3.** salimos; **4.** puedas; **5.** trabajaba; **6.** llevaba; **7.** tengas; **8.** termine.

HABLAR

9. Añaden tres preguntas más. Escriben las respuestas a todas las preguntas y las intercambian con un compañero. Comprueban si hay algo que corregir. El profesor puede hacer alguna de las preguntas a unos cuantos alumnos en voz alta para corroborar que se ha comprendido esta estructura.

C. Si tuviera dinero...

> **OBJETIVOS**
>
> **Comunicación:** Expresar la condición.
> **Gramática:** Pretérito imperfecto de subjuntivo y oraciones condicionales *(Si tuviera dinero me compraría un coche)*.
> **Ortografía:** Acentos en las formas de futuro/ pretérito imperfecto de subjuntivo.

Antes de empezar

"Un vendedor de la ONCE localiza tras nueve días de búsqueda a una clienta para devolverle un cupón agraciado con 35.000 euros que ella había canjeado por error por 60". (Diario Sur Digital, jueves 16 de marzo de 2006).

- El profesor explica esta noticia o una similar que conozca de modo que sea fácilmente comprendida por los alumnos. ¿Creen que es una historia real? ¿Creen que es lo habitual, lo que suele ocurrir? ¿Harían lo mismo si les pasara?

1. Por parejas se hacen el test mutuamente. Comentamos entre todos: ¿quién es el más honrado de cada pareja? ¿Les ha pasado alguna vez algo parecido? Si es así, lo cuentan al resto de la clase.

GRAMÁTICA

- Señalamos que estas estructuras pueden referirse al presente o al futuro. Las del presente son siempre imposibles:
  Si hoy fuera viernes, saldría de marcha con mis amigos. Pero como es martes, tengo que acostarme pronto para poder madrugar mañana.

- Vemos la morfología del imperfecto del subjuntivo, señalando que este tiempo se forma, en la 2.ª y 3.ª conjugación, a partir de la 3.ª persona del plural del indefinido (ellos com**ier**on → yo com**iera**, tú com**ieras**…). Podemos hablar de la existencia de dos formas posibles (habl**ara** o habl**ase**…) para que reconozcan ambas si las leen o escuchan, si bien la primera es la más utilizada. (Ver "referencia gramatical", página 144).

2. Los alumnos hacen el ejercicio individualmente y corregimos.

> **1.** f; **2.** d; **3.** c; **4.** b; **5.** a; **6.** e.

3. Vemos entre todos cuáles son las formas en imperfecto de subjuntivo de las frases.

4. Los alumnos completan, consultando la gramática si es necesario. Corregimos, y el profesor pregunta alguna forma más. ¿Quién es el más rápido en decirla correctamente?

> **1.** vivieran; **2.** fuéramos; **3.** tuviera; **4.** pusiera; **5.** estuvieran; **6.** viera; **7.** vinieras; **8.** leyeran.

5. Hacen el ejercicio individualmente y cada alumno lee una frase para corregir.

> **1.** tuviera, iría; **2.** fuera, nos casaríamos; **3.** leyeran, vieran, serían; **4.** lloviera, plantaría; **5.** fuera, empezaría; **6,** pudiera, iría; **7.** quisieras, haríamos.

- Es importante insistir en que nunca deben usar condicional en la parte de la oración que expresa la condición, ya que se trata de un error habitual.
  BIEN: *Si mi novio **fuera** rico…*
  MAL: *Si mi novio **sería** rico…*

JUEGO

- Especialmente para desterrar este error, el profesor entrega a un alumno un papelito con el nombre de un personaje muy conocido. Los demás le harán preguntas con *Si fuera…* para adivinarlo.
  (Antonio Banderas)
  – ¿*Si fuera un país, cuál sería?*
  – *Si fuera un país, sería España.*
  – ¿*Y si fuera una profesión / un color / una canción / una película?*

6 y 7. Los alumnos escriben sus frases. Para corregir el ejercicio, el profesor hará a algunos estudiantes las preguntas correspondientes:
Isabella, ¿qué harías si fueras Ministra de Educación?
Vladimir, ¿tú qué crees que pasaría si no existieran los móviles?

> **1.** Si yo fuera… **2.** Si tuviera… **3.** Si fuera… **4.** Si pudiera… **5.** Si un hombre rico me pidiera que me casara con él… **6.** Si encontrara…

PRONUNCIACIÓN Y ORTOGRAFÍA

1. Mientras escuchan, van subrayando la sílaba tónica. Después de la audición, dejamos unos minutos para que escriban las tildes.

> **1.** estu<u>vie</u>ra; **2.** esta<u>rá</u>; **3.** termi<u>na</u>rá, **4.** <u>fue</u>ras; **5.** ha<u>bla</u>ras; **6.** ven<u>drán</u>; **7.** vi<u>nie</u>ras.

2. El profesor habrá copiado las frases en la pizarra tal y como están en el libro. Algunos alumnos saldrán sucesivamente a acentuar las palabras que corresponda según vamos escuchando de nuevo las frases. El alumno pide a varios estudiantes que repitan de uno en uno alguna frase.

3. Los alumnos hacen el ejercicio individualmente y corregimos con una transparencia. El profesor irá señalando las formas y diciendo cada vez el nombre de un estudiante para que la lea en voz alta. Puede pedir que le digan cuál es la sílaba tónica en cada caso.

> **FUTURO:** beberá, leeremos, escribiremos.
> **IMPERF. SUBJ.:** lloviera, hablara, comiera, tuviera, bebiera, dijeran, escribiera.

4. Se escucha de nuevo la cinta si se considera necesario.

5. El profesor pasa por las mesas comprobando si las frases son correctas en todos los sentidos y si son bien pronunciadas por los alumnos al dictar.
Los alumnos comprueban qué tal han hecho el dictado.

D. Escribe

> **OBJETIVOS**
>
> **Expresión escrita:** Carta de solicitud de trabajo.

1. Leen el anuncio. ¿Algún alumno cree que el puesto de trabajo es adecuado para él? ¿Por qué?

2. Comentamos entre todos las respuestas.

> *1. En recibir e informar a los clientes, y en ayudarles en lo que necesiten.*
> *2. Ser amable en su trato con la gente, saber idiomas...*

3. Los alumnos leen la carta y responden; revisamos los rasgos que les indican que se trata de una carta formal. Buscamos en la carta y escribimos en la pizarra fórmulas útiles para redactar este tipo de escritos.

> **a.** Formal; **b.** Muy señores míos; **c.** En espera de sus noticias, se despide atentamente.

4. Los alumnos ordenan los distintos puntos y corregimos. Esto sirve de preparación para que estructuren correctamente su propia carta.

> 2 – 4 – 3 – 1 – 6 – 5

5. Pueden elegir un anuncio del libro, o bien, alguno de los que pusimos en la pared. Después, podemos simular por parejas entrevistas de trabajo, que se representarán ante todo el grupo.

De acá y de allá

1. Los alumnos leen primero todos los proverbios. El profesor les ayudará con el vocabulario. Luego, miran las explicaciones y tratan de relacionar cada refrán con la suya y corregimos.

Resulta especialmente enriquecedora esta actividad cuando los estudiantes proceden de lenguas diferentes. En el caso de ser monolingües, es una actividad que sirve para activar el conocimiento de la propia lengua (y cultura) de los aprendices.

> **1.** e; **2.** f; **3.** h; **4.** a; **5.** b; **6.** c; **7.** g; **8.** d.

2. Hablan en parejas o grupos pequeños y comentamos entre todos las equivalencias. ¿Hay algún otro refrán en su lengua que usen con frecuencia o con el que estén especialmente de acuerdo? Vemos si existe el mismo en varios idiomas, incluido el español.

3. Comentamos entre todos esta cuestión. Cuando hablan, ¿suelen usar refranes? ¿Creen que son útiles al expresarnos? ¿Por qué?

IDEAS EXTRA

- El profesor divide la clase en parejas y asigna a cada una un refrán. Cada pareja debe inventar una situación en la que sea apropiado decir ese refrán.

E. Autoevaluación

1.

MASCULINO	FEMENINO
El policía	La policía
El abogado	La abogada
El peluquero	La peluquera
El jardinero	La jardinera
El dependiente	La dependienta
El pianista	La pianista
El bailarín	La bailarina
El juez	La jueza
El enfermero	La enfermera
El médico	La médica

2.

> **1.** anuncio, experiencia; **2.** gano; **3.** paro, curriculum, entrevista.

3.

> **1.** a; **2.** e; **3.** b; **4.** d; **5.** e; **6.** c.

4.

> **1.** vaya; **2.** terminó; **3.** salgo; **4.** se casaron; **5** encuentre; **6.** puedas; **7.** termine; **8.** vayas; **9.** está; **10.** ahorremos.

5.

> **1.** Si Jorge quisiera a Lucía, se casaría con ella; **2.** Si Julia tuviera hambre, cenaría hoy; **3.** Si mis vecinos tuvieran dinero, podrían cambiarse de piso; **4.** Si Margarita comiera más no estaría tan delgada; **5.** Si no me molestara el ruido, saldría más los fines de semana; **6.** Si Alberto estudiara, aprobaría los exámenes; **7.** Si tuviera tiempo, iría al teatro.

6.

> **1.** supiera; **2.** tuviera; **3.** regalara; **4.** encontrara; **5.** pudiera; **6.** pudiera; **7.** supiera; **8.** tocara.

7.

> **1.** tengo; **2.** estudiara; **3.** viviéramos; **4.** estarías; **5.** llama; **6.** tengo; **7.** podemos; **8.** fueran, sería; **9.** estás.

8.

> **1.** duele; **2.** tuviera; **3.** llama; **4.** quisieras; **5.** vinieran.

9.

> **1.** e; **2.** h; **3.** a; **4.** f; **5.** d; **6.** b; **7.** g; **8.** c.

8

A. Deportes

> **OBJETIVOS**
>
> **Vocabulario:** Deportes.
> **Gramática:** Estilo directo e indirecto para transmitir una información.

Antes de empezar

- El profesor pregunta a sus alumnos si les gusta hacer deporte o ver competiciones deportivas. ¿Practican algún deporte?

1. Entre todos, ponemos en común nuestra información sobre los deportistas de las fotos. Se propone a los alumnos hablar brevemente de su deportista favorito.

> **Foto 1:** Serena Williams, tenista estadounidense.
> **Foto 2:** Lance Armstrong, ciclista estadounidense. **Foto 3**: Rafa Nadal, tenista español. **Foto 4:** Pau Gasol, jugador de baloncesto español.

2. Los alumnos trabajan individualmente, emparejando cada pregunta con su respuesta, para reconstruir la entrevista.

> **1.** a; **2.** j; **3.** d; **4.** g; **5.** i; **6.** b; **7.** e; **8.** c; **9.** f; **10.** h.

3. Escuchan la audición para autocorregirse la actividad.

4. Después de buscar por parejas los términos requeridos, corregimos entre todos.

> **1.** Campeón; **2.** Título mundial; **3.** Batir; **4.** Afición; **5.** Carrera; **6.** Meta; **7.** Piloto; **8.** Victoria; **9.** Pista.

5. Este ejercicio, además de introducir nuevas palabras, sirve de refuerzo en el aprendizaje de parte del léxico que se acaba de ver en el anterior ejercicio, pues, una vez definidos los vocablos, permite a los alumnos utilizarlos en contexto.

Durante la corrección, podemos hacer que algún estudiante explique el sentido de algún término con sus propias palabras (*árbitro*, por ejemplo).

> **1.** atleta; **2.** medalla, **3.** campeona; **4.** batir; **5.** ganador; **6.** récord; **7.** árbitro; **8.** aficionado.

IDEAS EXTRA

- El profesor pide a los alumnos que imaginen que van a entrevistar a su deportista preferido. Deben escribir las preguntas que le harían. Pueden utilizar el vocabulario que acabamos de ver.

ESCUCHAR

6. Se escucha la audición un par de veces. Por parejas, los alumnos comprueban si han completado bien la información y corregimos entre todos (cada alumno lee una frase, o bien el profesor va haciendo las preguntas correspondientes a las afirmaciones del texto).

> ENTREVISTADORA: Tenemos hoy con nosotros a una joven deportista que nació en Colindres (Cantabria) hace 16 años, a quien le gusta pasear por la playa y charlar con los amigos. En junio logró la medalla de oro en los Campeonatos del Mundo Júnior de Taekwondo que se celebraron en Corea del Sur. Se llama Laura Urriola.
>
> ENTREVISTADORA: ¡Hola, Laura! ¿Por qué decidiste practicar este deporte?
>
> LAURA: Mi hermano iba al gimnasio a hacer pesas. Un día me llevó porque me quería apuntar a kárate, pero probé el taekwondo y me gustó mucho.
>
> ENTREVISTADORA: Este verano te proclamaste campeona del mundo en Corea. ¿Fue duro alcanzar el oro?
>
> LAURA: Había bastante nivel. En la final peleé contra una turca que me lo puso muy difícil.
>
> ENTREVISTADORA: Después de proclamarte campeona, rechazaste una beca para

		ingresar en un centro de alto rendimiento. ¿No te apetecía?
LAURA:		Creo que todavía soy joven y prefiero estar en casa con mis padres. Cuando empiece la universidad, a lo mejor, pero, de momento, las cosas me van bien.
ENTREVISTADORA:		¿Y qué carrera quieres estudiar?
LAURA:		Me gustaría ser profesora de Educación Física, pero aún no lo tengo muy claro.
ENTREVISTADORA:		¿Cómo te las arreglas para compaginar los estudios con los entrenamientos?
LAURA:		Es complicado y hay que sacrificarse mucho.
ENTREVISTADORA:		Dedicas mucho tiempo a los entrenamientos.
LAURA:		Unas tres horas al día. Me entreno por la mañana, antes de ir al colegio y por la tarde.
ENTREVISTADORA:		¿Madrugas mucho?
LAURA:		Bueno, sí. A las siete de la mañana tengo que estar en el gimnasio.
ENTREVISTADORA:		¿Te gustaría estar en los Juegos Olímpicos del 2012?
LAURA:		Por supuesto, el sueño olímpico nunca se te quita de la cabeza, pero hay que ser realistas y sé que ir a unos Juegos es muy complicado.
ENTREVISTADORA:		Bueno, Laura, muchas gracias, sólo nos queda desearte toda la suerte del mundo en tu futuro como deportista.

1. Colindres; 2. su hermano; 3. la medalla de oro; 4. Corea del Sur; 5. turca; 6. sus padres; 7. profesora de educación física; 8. unas tres horas; 9. siete de la mañana; 10. los Juegos Olímpicos.

VOCABULARIO

7. Los alumnos completan individualmente el cuadro. Al corregir, cada fila la lee un alumno. Al final, les invitamos a decir más términos que conozcan relacionados con cada deporte.

DEPORTE	LUGAR	EQUIPAMIENTO
Natación	Piscina	Bañador
Boxeo	Ring	Guantes
Ciclismo	Pista o carretera	Casco
Tenis	Pista de hierba o tierra batida	Raqueta
Golf	Campo	Palos
Fútbol	Estadio	Botas

B. ¿salimos?

OBJETIVOS

Vocabulario: Arte, cultura y espectáculos.
Comunicación: Concertar citas. Transmitir las palabras de otros o de uno mismo.
Gramática: Estilo directo e indirecto para transmitir una información.

- Por parejas, los alumnos hablan de lo que suelen hacer los fines de semana. Después, algunos alumnos contarán al resto lo que le ha dicho su compañero.

1. A la par que se corrige el ejercicio, cada uno comenta a qué tipo de espectáculo ha ido últimamente, (puede ser uno diferente a los de la foto) a cuál suele ir con más frecuencia y a cuál nunca va o no suele asistir y por qué.

1. A; 2. B; 3. D; 4. C; 5. E.

2. Se escucha la audición un par de veces, responden y corregimos.

ANA:	Mira, Pedro, ¿qué podemos hacer esta tarde?
PEDRO:	Podemos ir al cine.
ANA:	¿Y si hacemos algo diferente? Tengo aquí la cartelera y hay algunas cosas que parecen muy interesantes. Mira este espectáculo de danza.
PEDRO:	¿Qué tipo de danza es?
ANA:	Es ballet clásico.
PEDRO:	No, preferiría algo distinto.
ANA:	Podemos ir a ver el espectáculo de flamenco *Los Tarantos*.
PEDRO:	Empieza un poco tarde. ¿Y si vamos a ver *El Circo del Sol*? Creo que tienen un nuevo espectáculo muy interesante.

ANA: Ya los vimos actuar el año pasado. Preferiría algo distinto... ¿Qué te parece el espectáculo de Nacho Cano de *Hoy no me puedo levantar*? Me han dicho que es un musical muy bueno.
PEDRO: ¡Ah, vale, buena idea! ¿A qué hora empieza?
ANA: A las nueve de la noche.
PEDRO: Muy buena hora. ¿Dónde quedamos?
ANA: Podemos quedar en la puerta de mi oficina.
PEDRO: Bien, ¿a qué hora quedamos?
ANA: ¿Qué tal a las siete y tomamos unas tapas antes de entrar?
PEDRO: Estupendo. Nos vemos a las siete, entonces.
ANA: Bien, de acuerdo.

1. Para esta tarde.
2. A ver un musical.
3. A las siete.
4. En la puerta de la oficina de Ana.
5. A tomar unas tapas.

3. Se vuelve a escuchar para que podamos completar entre todos en la pizarra las frases de la tabla. Poco a poco sistematizamos en el encerado las fórmulas útiles para concertar citas.

A: ¿Qué *podemos hacer* esta tarde?
B: Podemos *ir al cine*.
A: ¿Y si *hacemos algo diferente*? ¿Qué te parece *el espectáculo de Nacho Cano*?
B: ¡Ah, vale, *buena idea!*
A: ¿Dónde *quedamos*?
B: Podemos quedar *en la puerta de mi oficina*.
A: ¿A qué hora *quedamos*?
B: ¿Qué tal a *las siete*?
A: Nos vemos *a las siete*, entonces.
B: Bien, *de acuerdo*.

HABLAR

4. Por parejas, los alumnos entablan un diálogo similar al que han escuchado para citarse. Deben ponerse de acuerdo sobre lo que hacer y fijar una hora y un lugar para verse. El profesor estará atento a las producciones orales de sus alumnos, ayudando si es necesario.

5. Continúan trabajando por parejas. Este ejercicio sirve como repaso de ciertos usos del pasado.

ESCRIBIR

6. Puede transformarse este ejercicio en una breve redacción. Algunos alumnos la leerán a sus compañeros.

GRAMÁTICA

● Leemos la explicación gramatical. Entre todos vamos haciendo en la pizarra, basándonos en los ejemplos, un esquema de las transformaciones que sufren los tiempos verbales al pasar a estilo indirecto.
Debemos insistir en que no sólo los verbos y los pronombres experimentan cambios: los estudiantes tienen que prestar también atención a las expresiones temporales cuando usen el estilo indirecto.
*Nos iremos **mañana**.*
*Dijo que se irían **hoy**.*
(Ver "referencia gramatical", páginas 145, 146).

● Es importante ayudar al alumno a imaginar la situación en que se pronunciaron las palabras y a compararla con la situación en que posteriormente se reproduce la frase para que realice los cambios oportunos:
Nos iremos mañana.
Dijo que se irían hoy. / Dijo que nos iríamos hoy.

7. Los alumnos transforman las frases individualmente y corregimos. Sobre todo en caso de dificultades, el profesor inventará una situación en que sea posible pronunciar la frase que es fuente de dudas, y otra situación posterior en que se reproducen esas palabras. Con ayuda de los alumnos, recreará estas situaciones a través de minidiálogos para una mejor comprensión.

1. Dijo que el concierto había empezado / empezó a las siete y media.
2. Dijo que sacarían las entradas hoy por la tarde.
3. Dijo que íbamos a ir en coche.
4. Dijo que hacía dos años que no iba al teatro.
5. Dijo que irían todos juntos.
6. Dijo que aquel concierto había sido muy caro.
7. Dijo que no le había gustado nada la película.
8. Dijo que lo había oído por la radio.
9. Dijo que le habían regalado las entradas.
10. Dijo que iba a leer la novela de Andrés.

8. Antes de hacer el ejercicio, se llama la atención de los alumnos sobre los dos tipos de pregunta que nos vamos a encontrar. Escribimos separados en la pizarra los dos ejemplos del ejercicio, deduciendo entre todos las diferencias.

Al corregir, iremos colocando las preguntas en dos columnas distintas según el tipo al que pertenezcan (preguntas a las que respondemos sí o no / resto).

> 1. Dijo que / Quería saber dónde quedábamos.
> 2. Preguntó si / Quería saber si íbamos al cine esa tarde.
> 3. Dijo que / Quería saber cuánto habían costado las entradas.
> 4. Dijo que / Quería saber a qué hora habíamos llegado.
> 5. Preguntó si / Quería saber si nos veíamos a la salida del trabajo.
> 6. Preguntó si / Quería saber si comeríamos con ellos.
> 7. Dijo que / Quería saber cuándo había vuelto.
> 8. Preguntó si / Quería saber si había ido en metro.
> 9. Dijo que / Quería saber dónde los había escuchado la última vez.
> 10. Preguntó si / quería saber si me gustaría ir con ellos.

C. Música, arte y literatura

> **OBJETIVOS**
>
> **Vocabulario:** Arte, cultura y espectáculos.

Antes de empezar

- El profesor escribe en plural en la pizarra las profesiones artísticas del recuadro. Pregunta a los alumnos si conocen personalidades del mundo hispano que tengan estas profesiones. Con la ayuda del profesor, se va completando en la pizarra cada una con algunos nombres masculinos y femeninos, de modo que se repasa la formación de género.

DIRECTORES DE CINE:
- Fernando Trueba (*director*)
- Isabel Coixet (*directora*)

POETAS:
- Rubén Darío (*poeta*)
- Gabriela Mistral (*poetisa*)

1. Entre todos, revisamos a qué se dedican estas personas.

> **1.** poeta; **2.** compositor; **3.** pintor; **4.** actriz; **5.** director de cine; **6.** escritor; **7.** cantante; **8.** director de orquesta.

2. En grupos de cuatro, cada grupo escoge al personaje que conoce mejor. Durante unos veinte minutos toman nota de la información que pueden reunir sobre ese personaje (edad, lugar y fecha de nacimiento, hechos más relevantes de su vida, etc.). Luego lo ponen en común entre toda la clase y ganará el equipo que dé más información sobre su personaje.

3. Los alumnos hacen el ejercicio individualmente y corregimos entre todos. El profesor hace notar una vez más que en los nombres terminados en –*ista*, el masculino y el femenino tienen la misma forma; para ver si los alumnos lo recuerdan, escribimos alternativamente los artículos determinados delante de cada nombre y los alumnos pronuncian la forma correspondiente.

> **1.** violonchelista; **2.** violinista; **3.** pianista; **4.** guitarrista; **5.** saxofonista; **6.** batería; **7.** flautista.

4. Los alumnos hacen el ejercicio y corregimos rápidamente. Preguntaremos qué palabra o palabras les han dado la pista para saber de qué se habla en cada frase. Las anotaremos en la pizarra por temas, añadiendo alguna más que conozcan. Esto sirve de sugerencia para el estudio del léxico.

> **1.** Poesía; **2.** Teatro; **3.** Cine, **4.** Pintura, escultura. **5.** Música.

5. Los alumnos leen las distintas propuestas, responden y corregimos. El profesor simula que quiere quedar con algún alumno, entablando un diálogo con él para repasar las fórmulas vistas en el apartado anterior. Luego sugerirá a algún alumno que haga lo mismo con alguien de la clase. Entre todos, corregiremos al final posibles errores.

> **1.** La obra de teatro *Historia de una escalera*.
> **2.** El espectáculo de baile *Yerma*.
> **3.** *Yerma*.
> **4.** La exposición de pintura contemporánea.
> **5.** En el Festival de rock de Andalucía.

6. En *Yerma*.
7. A la exposición de pintura.
8. El festival de rock.
9. El festival de rock.
10. *Yerma* y la exposición, que son gratuitos.

LEER

6. Los alumnos ordenan el texto.

3 - 1 - 5 - 2 - 4

7. Escuchamos la audición una vez para comprobar. Vemos qué pueden significar ciertas expresiones (*dejarse los huesos, retirar a alguien, darle un buen retiro, una miseria, salir adelante, a Pepe no hay quien lo encarrile, la cacharra de la leche*). ¿Dónde están los personajes? (Hablando en la escalera)

– (*Generosa sube. Fernando la saluda muy sonriente*). Buenos días.
– Hola, hijo. ¿Quieres comer?
– Gracias, que aproveche. ¿Y el señor Gregorio?
– Muy disgustado, hijo. Como lo retiran por la edad... Y es lo que él dice: "¿De qué sirve que un hombre se deje los huesos conduciendo un tranvía durante cincuenta años, si luego le ponen en la calle?". Y si le dieran un buen retiro... Pero es un miseria, hijo; una miseria. ¡Y a mi Pepe no hay quien lo encarrile! (*Pausa*) ¡Qué vida! No sé cómo vamos a salir adelante.
– Lleva usted razón. Menos mal que Carmina...
– Carmina es nuestra única alegría. Es buena, trabajadora, limpia... Si mi Pepe fuese como ella...
– No me haga mucho caso, pero creo que Carmina la buscaba antes.
– Sí. Es que se me había olvidado la cacharra de la leche. Ya la he visto. Ahora sube ella. Hasta luego, hijo.
– Hasta luego.

8. Los alumnos responden individualmente y corregimos. El profesor les hace observar cómo Fernando parece cambiar de tema cuándo Generosa está hablando de Pepe. ¿Con qué frase lo hace? ¿Por qué creen que hace esto?
Escuchamos de nuevo el fragmento, pidiendo a los alumnos que presten especial atención a la entonación. Después, dos estudiantes leen el diálogo procurando reproducirla lo mejor posible.

1. Generosa y Fernando.
2. De Gregorio, de Carmina y de Pepe.
3. A Gregorio.
4. Conductor de tranvía.
5. Que "no hay quien lo encarrile", es decir, que no lleva un "buen camino" en la vida: no trabaja, etc.
6. Buena, trabajadora y limpia.
7. Con Carmina.

IDEAS EXTRA

- Los alumnos deben imaginar que son un vecino/a muy cotilla que ha estado escuchando la conversación de Fernando y Generosa detrás de la puerta. Después, se la cuentan a otro vecino. No deben intentar reproducir todas las frases, sino transmitir en general la información más importante:
  – Cómo se siente Gregorio y por qué.
  – Quejas de Generosa por su situación económica.
  – Fernando le da la razón.
  – Descripción de Carmina y queja sobre Pepe.
  – Fernando le da información sobre Carmina.
  – Generosa dice por qué Carmina la estaba buscando, etcétera.

Pueden empezar así:
"Pues fíjate, antes Fernando se ha encontrado a Generosa subiendo por la escalera. Le ha preguntado por Gregorio y ella le ha dicho que estaba..."

El profesor colaborará activamente con los alumnos, ya que el ejercicio es interesante pero complejo. Entre todos, podemos elaborar una especie de texto teatral que se podrá representar en clase. La actividad puede aprovecharse para trabajar la función fática mediante fórmulas del tipo:
¿Sí? ¿De verdad? ¡Claro! Ya...

D. Escribe

> **OBJETIVOS**
>
> **Expresión escrita:** Escribir una carta formal.

Antes de empezar

- Comentamos entre todos en qué situaciones podemos tener que escribir una carta formal (para solicitar empleo, para recurrir una multa, para reclamar algo, para manifestar queja o desacuerdo al alcalde, a una institución...).

1. Los alumnos leen el anuncio. Aclaramos dudas de vocabulario. ¿La exposición puede visitarse todos los días?

2 y 3. Revisamos entre todos la estructura y fórmulas de la carta que van a escribir. Comentamos otras expresiones útiles (en función de quién sea el destinatario, etc). Teniendo en cuenta también el ejercicio 3, cada alumno escribe su carta, que será recogida y corregida por el profesor.

Cuando los alumnos reciban su texto corregido, deberán trabajar en grupos para escribir otra carta formal con la respuesta del Museo. El profesor revisará el trabajo de cada grupo.

De acá y de allá

Antes de empezar

- El profesor trae a clase fotos de artistas del cante y el baile flamenco o similar (Camarón, José Mercé, Estrella Morente, Joaquín Cortés). Pregunta a sus alumnos si los conocen. Después escuchamos algún fragmento ilustrativo de esta música. Si al grupo en general le interesa el tema, puede recomendárseles la película *Flamenco* de Carlos Saura, alguno de cuyos fragmentos puede incluso visionarse en clase…

1. ¿Habían escuchado alguna vez flamenco o visto algún espectáculo de baile? ¿Cómo fue (en directo, por la tele, la radio, en grabaciones…)? ¿Les gusta?

2. Los alumnos leen el texto. El profesor pregunta si hay dudas de vocabulario. Después, les pide que busquen las 5 o 6 palabras más importantes de este. En una puesta en común, elegiremos entre todos las más representativas. Leen de nuevo, responden y corregimos.

> 1. Poco más de doscientos años.
> 2. La judía, la árabe, la castellana y la gitana.
> 3. Los gitanos.
> 4. En el siglo XIX.
> 5. Un lugar donde se puede disfrutar del baile y el cante flamenco.
> 6. La guitarra.
> 7. El tema *Entre dos aguas* de su primer disco.
> 8. Como uno de los catedráticos de la guitarra flamenca.

IDEAS EXTRA

- El profesor insta a los alumnos a escribir un texto parecido sobre un aspecto del arte o la cultura de su país y sobre algún represente de este arte.

E. Autoevaluación

1.
> **1.** golf; **2.** fútbol; **3.** boxeo; **4.** natación; **5.** tenis.

2.
> **1.** ganador; **2.** árbitro; **3.** aficionados; **4.** récord; **5.** estadio; **6.** atleta; **7.** piloto; **8.** natación; **9.** raqueta. **10.** medalla.

3.
> **1.** esquiadora; **2.** medalla; **3.** carrera; **4.** esquí; **5.** éxitos.

4.
> 3 – 5 – 1 – 8 – 10 – 2 – 7 – 4 – 9 – 6

5.
> **1.** director; **2.** cantante; **3.** música clásica, compositor; **4.** ópera; **5.** exposición, museo.

6.
> …el tejado lo arreglaría el viernes y llevaría un sofá nuevo la semana siguiente. Que había comprobado el funcionamiento de la calefacción el mes anterior y había comprado una lavadora recientemente. Además, dijo que las alfombras estaban en el tinte, y que tendría que llamar por teléfono para que me las llevaran a casa. Y que si tenía algún problema, le llamara esa noche a casa.

7.
> **1.** …qué le pasaba; **2.** …si sabía por qué le había ocurrido aquello; **3.** …si podría subirse la manga; **4.** …que hiciera reposo absoluto; **5.** …que debería tomarse unas vacaciones; **6.** …que si no se lo tomaba en serio, podía caer gravemente enfermo.

8.
> **1.** Nací; **2.** dio; **3.** Debuté; **4.** Fundé; **5.** hacer; **6.** son; **7.** Era.

9

A. Sucesos

OBJETIVOS

Comunicación: Comprender noticias periodísticas, orales o escritas.
Vocabulario: Léxico del delito.
Gramática: La voz pasiva.

Antes de empezar

- Preguntamos a nuestros alumnos cómo prefieren enterarse de las noticias: por televisión, por la radio, por la prensa. En el último caso, a qué prensa suelen acudir (periódicos en Internet, los gratuitos que reparten en la boca de metro, los que se compran en los puestos de prensa, los que hay en el trabajo o en bibliotecas…).
Sondeamos al grupo sobre los distintos periódicos en español que conocen. ¿Suelen leer alguno? ¿Con qué frecuencia?

1. Revisamos entre todos el vocabulario referente a las distintas secciones de un periódico.
Por parejas, hablan sobre los temas indicados en esta actividad. Después, ponen en común con otras parejas lo que han comentado. El profesor escucha y tiene en cuenta sus preferencias a la hora de traer noticias a clase.

2 y 3. Cada alumno puede expresar su elección ante todo el grupo y explicar el por qué.

4. Se deja un tiempo a los alumnos para pensar y buscar en el diccionario lo que necesiten, y hacemos el ejercicio entre todos.

> **1.** 1; **2.** 2; **3.** 3; **4.** 1; **5.** 2; **6.** 3; **7.** 3; **8.** 3; **9.** 3; **10.** 1, 2, 3; **11.** 3; **12.** 2; **13.** 1; **14.** 3, 2, 1.

5. Hacen el ejercicio por parejas y corregimos.

> 1 – 3 – 2

6. Leen de nuevo las noticias individualmente y responden. Corregimos entre todos.

> 1. El coche.
> 2. Tras una espectacular persecución.
> 3. Sí, tienen antecedentes policiales.
> 4. Una navaja.
> 5. Dos.
> 6. No.
> 7. Agentes municipales.
> 8. Darse un baño.
> 9. Fueron trasladados a comisaría, pero luego regresaron a su casa sin castigo alguno.

GRAMÁTICA

- Volvemos a los titulares del ejercicio 5. Pedimos a los alumnos que se fijen en la forma verbal del titular 2. Escribimos la frase en la pizarra:

Dos jóvenes de dieciocho años fueron descubiertos por agentes municipales bañándose de madrugada en una piscina municipal

¿Cuál es el verbo principal en infinitivo? *Descubrir.* ¿Quién descubrió algo? *Los agentes.* ¿Y a quiénes descubrieron? *A dos jóvenes.*

Unos agentes municipales descubrieron a dos jóvenes de dieciocho años bañándose de madrugada en una piscina municipal.

Leemos entonces la explicación del recuadro y vemos cómo se forma la pasiva y cuándo suele usarse. Se pide a los alumnos que busquen otros ejemplos en las noticias que hemos leído.

7. Los alumnos completan individualmente y corregimos.

> **1.** serán clausurados; **2.** fue inaugurada; **3.** Han sido encontrados; **4.** fueron detenidos; **5** fue detenido; **6.** ha sido elegido; **7.** serán elegidos.

JUEGO

- Para seguir practicando la pasiva, los alumnos forman grupos de cuatro. El profesor reparte a todos los grupos una serie de titulares fragmentados y sin verbo, que tendrán que reconstruir en un tiempo limitado. Después, se verá si los titulares de los alumnos coinciden con los originales.

> incendio
>
> los familiares de las víctimas
>
> el Rey

Los familiares de las víctimas del incendio fueron visitados por el Rey.

ESCUCHAR

8. Se escucha la audición un par de veces. Los alumnos señalan el verdadero / falso y se corrige entre todos. ¿Recuerdan el titular de la noticia?

> ...Y ahora, pasamos al apartado de sucesos.
>
> Un hombre ha sido condenado a pagar a su ex mujer la mitad del premio que le tocó en la lotería Primitiva, aunque ambos habían iniciado ya los trámites de separación. El Tribunal Supremo ha sentenciado que el premio de 2 millones de euros pertenece a los bienes gananciales del matrimonio y, por tanto, que la mujer tiene derecho a percibir su parte.
>
> El pasado mes de octubre, cuando aún no estaban separados legalmente, Diego, el marido de Juani, durante un viaje a Madrid, rellenó un boleto de la lotería Primitiva. En esta ocasión se hizo realidad el refrán: "afortunado en el juego, desgraciado en amores".
>
> A continuación las noticias deportivas...

> **1.** F; **2.** V; **3.** F; **4.** V; **5.** F; **6.** F.

ESCRIBIR

9. Para que sea algo más fácil, el profesor puede seleccionar algunas noticias y traerlas a clase. Cada grupo lee la suya y después el profesor la recoge para que la reconstruyan a su manera.

IDEAS EXTRA

- Las noticias son muy útiles para practicar la reacción ante lo que nos dicen (*¡Qué barbaridad! / ¿De verdad? / ¡No me digas!*). Puede realizarse algún tipo de actividad en este sentido, en la que un alumno cuenta con sus palabras una noticia que ha leído y los demás reaccionan.

B. ¡Cásate conmigo!

> **OBJETIVOS**
>
> **Vocabulario:** *Verba dicendi (verbos de "decir").*
> **Comunicación:** Transmitir órdenes, peticiones o sugerencias.
> **Gramática:** Estilo indirecto (II).

1. Los alumnos relacionan las expresiones con los dibujos. Al corregir, explican cada situación (dónde están los personajes, cuál es la relación entre ellos, etc.).

> 4 - 2 - 3 - 1 - 6 - 5

2. Los alumnos forman las frases y corregimos. Observamos cómo varía en ellas el tiempo verbal de lo referido en función del tiempo del verbo de comunicación. Leemos el cuadro de gramática.

> **1.** e; **2.** a; **3.** c; **4.** b; **5.** f; **6.** d.

GRAMÁTICA

3. Los alumnos responden y leemos el cuadro.

> En presente de subjuntivo o en imperfecto de subjuntivo.

4. Los alumnos practican eligiendo la opción correcta y corregimos.

> **1.** hagamos; **2.** habláramos; **3.** llames; **4.** viniera; **5.** compre; **6.** fuera; **7.** coma / comiera; **8.** lleguemos; **9.** leyera; **10.** vigiláramos.

5. Al corregir este ejercicio, el profesor puede introducir algún cambio en ciertas frases para que los alumnos adquieran más habilidad en la práctica del estilo indirecto y para comprobar que se ha comprendido la explicación.

> 1. La azafata nos pidió que nos abrocháramos lo cinturones.
> 2. El policía nos dijo que recogiéramos la documentación en la ventanilla.
> 3. Mi padre me pidió que cerrara la puerta, pero que no echara la llave.
> 4. La profesora siempre dice que busquemos en el diccionario las palabras que no comprendamos.
> 5. Mi madre me dijo que hacía frío, que cogiera el abrigo.

IDEAS EXTRA

- Para seguir practicando, el profesor da una orden a un alumno. Este finge que no la ha oído bien y pregunta al compañero de al lado, que se la repite, y así sucesivamente.
  – *Sal a la pizarra.*
  – *¿Qué ha dicho?*
  – *Que salgas a la pizarra.*

  – *Levántate y abre la ventana.*
  – *¿Qué ha dicho?*
  – *Que te levantes y abras la ventana.*

- Al día siguiente, el profesor anota en la pizarra todas las órdenes que dio. Va señalando a los mismos alumnos, que repiten el proceso, pero ahora con el verbo de comunicación en indefinido, y el de lo referido en imperfecto de subjuntivo.
  – *¿Qué dijo ayer el profesor?*
  – *Que salieras a la pizarra.*

6 y 7. Los alumnos completan individualmente y escuchamos para comprobar. Mientras se escucha, el profesor irá escribiendo las formas en la pizarra para que no haya dudas.

> **1.** enseñáramos; **2.** fuéramos; **3.** rellenara; **4.** entregara; **5.** hiciera; **6.** recogiéramos.

> ¡Vaya susto!
> Eran las nueve de la mañana. Estábamos en el aeropuerto esperando la salida de nuestro avión hacia Nueva York. Cuando estábamos facturando nuestro equipaje nos dijeron que *enseñáramos* nuestros pasaportes. Mi hijo Sergio no lo encontraba. La azafata nos recomendó que *fuéramos* al puesto de policía del aeropuerto. Allí le pidieron que *rellenara* un impreso y que *entregara* dos fotografías; como no las tenía, le sugirieron que se las *hiciera* en una máquina que había allí cerca. Una vez entregada la documentación, nos dijeron que *recogiéramos* el pasaporte en 30 minutos. Con el tiempo muy justo y el susto en el cuerpo, conseguimos coger nuestro avión en el último momento.

HABLAR

8. El profesor pasa por los grupos supervisando la realización de la actividad.

C. Quiero que mi ciudad esté bonita

> **Objetivos:**
>
> **Gramática:** Expresar deseos (*Deseo, me gustaría, quiero ... + infinitivo/ que + subjuntivo.*)
> **Pronunciación y ortografía:** Oposición /p/ y /b/.

Antes de empezar

- El profesor y los alumnos nombran una virtud y un defecto de sus respectivas ciudades.

1. Por parejas, y ahora que hemos puesto en común vocabulario útil sobre las ciudades, comentan qué les parece en general su ciudad y por qué.

2. Los alumnos leen el texto y contestamos entre todos, haciendo en la pizarra una lista de los deseos de la autora. Revisamos posibles dudas de vocabulario (*invidentes, presumir, eternizarse*). Se subrayan los verbos y, una vez visto que todos están en presente de subjuntivo, leemos el cuadro de gramática.

> **1.** Que tropezó por la calle con un ladrillo, se cayó y se rompió el hombro.
> **2.** Que las calles *estén* limpias y las aceras no *sean* peligrosas. Que los transportes públicos *funcionen* normalmente. Que la ciudad *esté* bonita y *podamos* presumir de ella. Y que las obras municipales no *se eternicen*
> **3.** En presente de subjuntivo.

GRAMÁTICA

- Al leer la explicación, se insistirá mediante varios ejemplos y practicando con los alumnos en que la elección de infinitivo o subjuntivo depende de si el sujeto de las dos oraciones es o no el mismo.
  Quiero andar sin peligro por mi ciudad.
  (Yo) QUERER – (Yo) ANDAR

  Quiero que los invidentes anden sin peligro por mi ciudad.
  (Yo) QUERER – (Los invidentes) ANDAR.

- Para practicar, cada alumno escribirá o leerá en voz alta cuatro frases diciendo qué cosas quiere que cambien en su propia ciudad.

3. Los alumnos hacen el ejercicio y se corrige.

> **1.** digas; **2.** paséis; **3.** encuentre; **4.** vayamos; **5.** sean; **6.** poner; **7.** ayudes; **8.** compre; **9.** salgas; **10.** llegar.

HABLAR

4. Se trata de un momento muy oportuno para realizar este juego, ya que a estas alturas del curso los alumnos ya se conocen bastante entre sí y pueden hacerse una idea de quién ha escrito los deseos. Puede ser el propio profesor el que vaya leyendo los papeles, y al final de la actividad corregirá en la pizarra los errores más importantes que haya encontrado.

ESCUCHAR

5. Antes de escuchar, los alumnos pueden hacer por parejas algunas conjeturas sobre los deseos de estas personas, teniendo en cuenta su edad, sexo, aspecto… Después, escuchan un par de veces para completar, lo ponen en común con el compañero y corregimos. Puede hacerse alguna pregunta sobre lo que han escuchado (*¿Ha estado ya Andrea en Roma?*, etc.). Hacemos en la pizarra un esquema de las distintas expresiones de deseo que han aparecido en la audición, añadiendo otras que conozcan los alumnos. Se sondea a varios alumnos sobre sus deseos para el año que viene.

MARCOS RODRÍGUEZ, 34 AÑOS. "Quiero que este año me toque el gordo de Navidad y así poder pagar la hipoteca de mi casa. Lo que deseo es vivir sin muchos problemas económicos".

ANDREA RODRÍGUEZ, 28 AÑOS. "Yo quiero volver a Roma y pasarme allí tres meses. Estuve el verano pasado y me encantó. Me gustaría vivir allí para siempre".

RAQUEL MOLINA, 8 AÑOS. "Yo quiero ser famosa, quiero ser una cantante famosa. Me gustaría salir en la tele".

ALBERTO BARRIOS, 9 AÑOS. "Yo quiero que mi madre me compre un perro, pero no sé si me lo comprará. Ya lo he pedido otros años, y no ha sido posible. A lo mejor este año es el bueno".

ÓSCAR RUBIO, 29 AÑOS. "¿Un deseo? Tengo varios deseos, pero, básicamente, quiero encontrar un trabajo bueno y que mi novia Cati se case conmigo, hace cinco años que somos novios, y que bajen los precios de los pisos…".

ALEJANDRA GARCÍA, 78 AÑOS. "Yo pediría un nuevo amor, pero a mis años… En realidad, sólo deseo seguir como estoy, tener salud. Me gustaría viajar, pero como ya soy muy mayor, no tengo muchas condiciones".

PRONUNCIACIÓN Y ORTOGRAFÍA

1. Previamente a la audición, el profesor invita a los alumnos a sentir la diferencia entre /p/ y /b/ palpándose cada uno la garganta mientras emiten estos sonidos, para que perciban la oposición sonora / sorda que los distingue a través de la vibración o no de las cuerdas vocales. Después, se escucha palabra por palabra, el profesor señala a varios alumnos uno por uno y éstos repiten; si el profesor lo considera oportuno, pedirá a algún alumno que lo intente de nuevo.

2. Se escuchan las palabras y se corrige el ejercicio en la pizarra.

> 1. pela; 2. baba; 3. pueblo; 4. avión; 5. pala;
> 6. vuelvo; 7. Japón; 8. jarabe; 9. rápido; 10. ropa.

3, 4 y 5. Se escucha frase por frase y el profesor va señalando quién tiene que repetirla. Después completan la palabra que falta en cada una y corregimos en la pizarra: según se escucha la frase, el alumno escribe la palabra que ha escuchado.

> 1. ¿Adónde vas con esa *ropa* tan elegante?
> 2. A Luis le gusta mucho poner *apio* en la ensalada.
> 3. Mi padre necesita la *pala* para trabajar en el jardín.
> 4. Este chico es *bobo*, ahora resulta que no sabe multiplicar.
> 5. ¿Te has tomado el *jarabe* para la tos?
> 6. Me encanta este *jabón*, huele estupendamente.
> 7. Este tren es muy *rápido*.

D. Escribe

> **OBJETIVOS:**
>
> **Expresión escrita:** Escribir notas y recados.

Antes de empezar

- Al llegar al aula, los alumnos encuentran una nota del profesor en la pizarra:
  Estoy en secretaría. Vengo dentro de 10 minutos.

- Cuando llega el profesor pregunta a los estudiantes qué es eso que hay en la pizarra. Responderán que una nota o un recado. El profesor elimina la nota y pregunta qué decía:
  – *¿Qué decía la nota?*
  – *Que estabas en secretaría y que venías dentro de 10 minutos.*

1. Por parejas, comentan si suelen dejar recados y a quién o quiénes. Hacen una lista de situaciones en las que dejan una nota. Después, se ponen en común las listas.

2. Los estudiantes leen todos los mensajes. Comentamos entre todos la situación y finalidad de cada uno, así como la relación entre autor y destinatario.

> 1. y 2. Recado entre novios. Que Felipe llame a su padre cuando llegue./ Recado entre compañeras de trabajo. Que Sara recoja los papeles para entregarlos el jueves./ Recado de una madre a su hija. Que Julia sepa que ya están listas sus gafas./ Recado de un vecino. Que alguien aparque su coche un poco más lejos del de otra persona./Recado de Juanjo a su compañero de piso. Que Jorge compre comida para el gato y sepa que su compañero ya ha pagado su parte del alquiler./ Recado de una mujer a su marido. Que Carlos sepa que la profesora de su hijo quiere hablar con él y con su mujer.

3. Cada alumno redacta las notas y comprueba con su compañero. Corregimos entre todos.

ESCUCHAR

4. Se escuchan primero todos los mensajes seguidos. Después, se escuchan haciendo una pausa después de cada uno, para que los alumnos puedan completar sus apuntes y redacten los mensajes. Cuando tengan preparadas las notas, corregimos entre todos.

> 1. Hola, Mari Carmen. Soy mamá. Llegamos mañana a la 10 de la mañana a la estación de Chamartín. Ven a buscarnos con el coche que vamos muy cargados con las maletas. Un beso. ¡Hasta mañana!
>
> 2. Oye, Pepe, mira, soy Luisa, que no puedo ir de ninguna manera esta tarde a tu fiesta de cumpleaños. No me acordaba de que tengo que presentar mañana el trabajo de inglés. Pasadlo bien. Besitos.
>
> 3. Luis, soy tu hermana. Me sobran dos entradas para el concierto del jueves en el Auditorio. Si quieres ir con Paqui llámame esta noche. Venga, ¡hasta luego!

De acá y de allá

Escribimos en la pizarra el topónimo *Atapuerca*. ¿Han oído hablar de este lugar? ¿Qué saben de él?

1. Se puede hablar entre todos de si hay restos arqueológicos importantes en los lugares donde viven, si hay un museo arqueológico en su ciudad y si lo han visitado, qué hay allí, etcétera.

2. El profesor les insta primero a leer las palabras del recuadro y a intentar intuir el sentido de las que no conozcan. Después, leerán el texto y podrán consultar su diccionario si lo necesitan.

> **1.** yacimientos; **2.** clima; **3.** excavaciones; **4.** fósiles; **5.** esqueletos; **6.** arqueólogos; **7.** herramientas; **8.** científicos.

3. Una vez que han completado el texto, comprueban con su compañero. Se corrige en clase por si hay alguna duda.

4. Leen de nuevo el texto, responden y corregimos.

> **1.** Un millón de años.
> **2.** En 1978.
> **3.** Una nueva especie de homínidos hallada en Atapuerca. Son los europeos más antiguos conocidos.
> **4.** De más de 180 esqueletos de osos.
> **5.** Herramientas, fósiles de animales y polen.
> **6.** Juan Luis Arsuaga.
> **7.** Han sido incluidos en la lista de Patrimonio Mundial por la UNESCO.

E. Autoevaluación

1.
> **1.** c; **2.** a; **3.** e; **4.** d; **5.** b.

2.
> **1.** circulación; **2.** sequía; **3.** tifón; **4.** atasco; **5.** prisión.

3.
> **1.** haga más ejercicio.
> **2.** Antonio siempre me dice que no le espere a comer.
> **3.** Mis amigos me dicen que vaya a verlos los fines de semana.
> **4.** Todos los días le digo a mi marido que me espere a la salida de la oficina.
> **5.** En la Administración siempre te dicen que vuelvas al día siguiente.

4.
> **1.** El doctor me decía / dijo que hiciera más ejercicio.
> **2.** Antonio siempre me decía que no le esperara a comer.
> **3.** Mis amigos me decían/ dijeron que fuera a verlos los fines de semana.
> **4.** Todos los días le decía a mi marido que me esperara a la salida de la oficina.
> **5.** En la Administración siempre te decían que volvieras al día siguiente.

5.
> …atendiera en clase, hiciera los deberes, preguntara mis dudas, no molestara a mis compañeros y estudiara para los exámenes.

6.
> **1.** "Vente conmigo".
> **2.** "Ven mañana".
> **3.** "Léelo en voz alta".
> **4.** "No hagas ruido".
> **5.** "Sed puntuales".
> **6.** "Terminad pronto".
> **7.** "Haz la cena".
> **8.** "Lavaos las manos".

7.
> **1.** seas; **2.** salgas; **3.** digas; **4.** estudie; **5.** salir; **6.** comprarnos; **7.** tener; **8.** vinieran; **9.** ayude; **10.** acompañe; **11.** venga; **12.** tener.

10

A. De viaje

OBJETIVOS:

Comunicación: Hacer planes sobre un viaje. Expresar la conjetura.
Gramática: *A lo mejor, quizás, seguramente, probablemente.*

Antes de empezar

1. Por parejas, hablan de sus planes. El profesor puede darles algunas pautas más.

2. Escuchan la grabación dos veces, comprueban por parejas y corregimos. Después de ver la información principal que hay que completar, el profesor podrá hacer alguna pregunta sobre otros datos de la audición que no se han citado durante la corrección, de modo que los estudiantes agudicen su comprensión auditiva. La audición se escuchará de nuevo si es necesario:
¿Para qué dice Alejandra que va a visitar esas ciudades? / ¿Adónde iría a bucear Eduardo? ¿Por qué piensa que no podrá ir? / ¿Con quién piensa ir María a la Costa Brava? ¿Y Rodrigo a Cádiz? ¿Cuánto tiempo pasará en Menorca?

LOCUTORA: Todo el año esperando las vacaciones y ya están aquí, pero... ¿vas a dedicar tu verano a realizar ese viaje que siempre has soñado, o quizás te veas atrapado otra vez por la realidad de tu economía? Veamos qué planes tienen nuestros invitados. Cuéntanos Alejandra.

ALEJANDRA: Bueno, este año seguramente será mitad descanso y mitad trabajo. Estoy montando un negocio de diseño de moda y voy a recorrer varias ciudades del Mediterráneo, relajándome y visitando clientes.

LOCUTORA: Preguntemos ahora al más joven. Eduardo, ¿qué quieres hacer este verano?

EDUARDO: No sé, pero..., si pudiera escoger, seguramente me iría a algún lugar exótico a bucear, por ejemplo, a las islas Galápago. Pero como es muy caro, quizás coja la mochila y haga un viaje en tren por Europa.

LOCUTORA: ¿Y tú, María? ¿Cómo serían tus vacaciones ideales?

MARÍA: ¡Puff...! Para que fuesen perfectas necesitaría un año sabático y recorrer toda América del Sur, me gustaría conocer el Perito Moreno. Pero como no puede ser, a lo mejor, voy unos días a la Costa Brava con mi familia.

LOCUTORA: Por último, Rodrigo, ¿qué prefieres, playa o montaña?

RODRIGO: Me encanta la montaña, pero no me imagino un verano sin playa. Lo más seguro es que primero vaya con mis amigas a Cádiz, porque queremos hacer un curso de vela. Después, quizás me vaya una semanita con mi novia a Menorca.

LOCUTORA: Bueno, como pueden ver, no faltan ideas para estas vacaciones. Sólo necesitamos que el buen tiempo nos acompañe.

---

1. un negocio de diseño de moda..., a varias ciudades del Mediterráneo; **2.** algún lugar exótico a bucear..., haga un viaje en tren por Europa; **3.** toda América del Sur..., a la Costa Brava; **4.** la playa..., Cádiz..., Menorca con su novia.

COMUNICACIÓN

• El profesor subraya que todas estas personas aún no están seguras de lo que van a hacer en verano. So posibilidades. ¿Cómo lo expresan? Los alumnos buscan en el texto del ejercicio 2 las palabras que utiliza cada uno para expresar posibilidades (*seguramente, quizás, a lo mejor, probablemente*).

Leemos la explicación sobre expresión de la conjetura para ver cómo se usan estas expresiones. Practicamos.

3. Los estudiantes hacen individualmente el ejercicio. Luego, corregimos entre todos. Para que la corrección no sea tan mecánica y mantener la atención de los estudiantes, en lugar de hacerla leyendo las frases en orden, el profesor planteará una situación a la que ellos responderán con la frase adecuada correctamente construida:

–¿*Vais a comer en casa hoy?*
–*A lo mejor comemos en un restaurante chino.*

> **1.** llegue; **2.** comemos; **3.** visitarán; **4.** vamos; **5.** hagan; **6.** vendrá / venga; **7.** podrá; **8.** sea; **9.** haga / hará; **10.** no hay.

4. Los alumnos leen el texto y responden. Después hacemos conjeturas sobre lo que haremos cuando seamos mayores, ya no estemos trabajando y tengamos más tiempo libre:

Yo probablemente me apunte a un curso para aprender a pintar. Siempre me ha gustado.

> **1.** En su furgoneta.
> **2.** A los 63.
> **3.** Tenía una tienda de ropa de bebé.
> **4.** Se apuntan a viajes organizados para jubilados.
> **5.** Por Europa.
> **6.** En América Latina.
> **7.** En China.
> **8.** En algún país del sur de África.
> **9.** Cuatro.
> **10.** África.

ESCRIBIR Y HABLAR

5 y 6. Cada alumno piensa en su imaginaria vuelta al mundo y escribe las preguntas que él haría a un viajero de esas características. Pueden hacerse las entrevistas por parejas, o bien elegir a un alumno viajero al que preguntan distintas cosas entre todos y que debe responder de modo más o menos improvisado. Después de algunas preguntas, cambiaremos de viajero.

B. Alojamientos

> **OBJETIVOS:**
>
> **Vocabulario**: Alojamientos.
> **Comunicación**: Pedir un servicio o un favor.
> **Gramática**: ¿Le importaría...? ¿Sería posible...? ¿Sería(n) tan amable(s) de...? ¿Te importaría...? ¿Podrías...?
> **Ortografía**: Diptongos, triptongos e hiatos.

Antes de empezar

- El profesor escribe en la pizarra:

    Un matrimonio de jubilados que quiere visitar Florencia.

    Un chico que va a hacer un interraíl por los países del este de Europa.

    Una pareja de recién casados que se va de luna de miel a Santo Domingo.

    Un matrimonio con hijos que quiere irse de vacaciones sin gastar mucho dinero.

    Los alumnos deberán sugerir el tipo de alojamiento que les parece más adecuado para cada viajero.

1. Primero describimos entre todos las fotografías. Hablan con el compañero sobre las cuestiones planteadas y hacen individualmente su lista de lo que buscan en un alojamiento. Ponemos en común lo que han comentado y la lista. El profesor irá anotando en la pizarra el vocabulario útil que vaya surgiendo.

VOCABULARIO

2. Este ejercicio puede realizarse entre todos. Se revisa el léxico de la lista de servicios por si hay alguna duda, y después distintos alumnos expresan cuáles de los servicios consideran los más importantes y de cuáles prescindirían.

3. Los alumnos escuchan una vez la audición sin mirar la parte de texto que tienen en el libro y tratan sólo de entender qué servicio se solicita en cada caso. Después de comentarlo entre todos, escuchan de nuevo para completar los diálogos.

COMUNICACIÓN

- Al corregir, vamos viendo los distintos modos de pedir un servicio y de responder a la petición que se detallan en el cuadro de comunicación. Podemos añadir el uso más informal ¿*Te importa / Puedes...*? , que utilizamos cuando hacemos una petición a un amigo, por ejemplo.

1. (Conversación telefónica en un hotel)
RECEPCIONISTA: Recepción, dígame.
CLIENTE: Buenos días. *¿Sería posible* que me subieran el desayuno a la habitación, por favor?
RECEPCIONISTA: Sí, señor, *por supuesto*. ¿Qué desea tomar?
CLIENTE: Dos cafés con leche, tostadas y mantequilla y mermelada, si es tan amable.
RECEPCIONISTA: De acuerdo, señor. En diez minutos se lo subirán a su habitación.
CLIENTE: Muchas gracias.

2. (En la recepción de un albergue)
CLIENTE: ¡Hola, buenas tardes!
RECEPCIONISTA: Buenas tardes. ¿En qué puedo ayudarte?
CLIENTE: Mira, ¿*podrías* dejarnos alguna manta más para nuestra habitación? Parece que hace bastante frío esta noche.
RECEPCIONISTA: *¡Cómo no!* ¿Cuántas necesitáis?
CLIENTE: Dos, una para cada cama.
RECEPCIONISTA: Aquí las tienes.
CLIENTE: Muchas gracias. ¡Hasta luego!
RECEPCIONISTA: ¡Hasta luego!

3. (Conversación telefónica en un hotel)
RECEPCIONISTA: Buenas noches, ¿dígame?
CLIENTA: Hola, buenas noches. *¿Serían tan amables de* despertarme a las siete de la mañana?
RECEPCIONISTA: *Claro que sí,* señora. Ya lo dejo aquí anotado para que mi compañero le despierte mañana.
CLIENTA: Muchas gracias, muy amable.
RECEPCIONISTA: Adiós, buenas noches.

4. (En la recepción de un hotel)
RECEPCIONISTA: Buenas tardes, señores. ¿En qué puedo atenderles?
CLIENTE: *¿Le importaría* pedir a alguien que nos revisara el aire acondicionado de la habitación, por favor?
RECEPCIONISTA: *Sí, ahora mismo.* ¿Cuál es el problema?
CLIENTE: Hace un ruido insoportable.
RECEPCIONISTA: De acuerdo, señores, dentro de un momento subirá el técnico.
CLIENTE: Muchas gracias. Aquí le dejo la llave.

1. A. ¿Sería posible...? B. ...por supuesto.
2. A. ¿Podrías...? B. ¡Cómo no!
3. A. ¿Serían tan amables de...? B. Claro que sí...
4. A. ¿Le importaría...? B. Sí, ahora mismo.

ESCRIBIR

4. Los alumnos preparan por parejas sus diálogos, poniéndose de acuerdo y escribiéndolo en su cuaderno. Después, salen distintas parejas, el profesor decide qué papel hará cada uno y los estudiantes representarán uno de los diálogos ante la clase, tratando de consultar lo menos posible lo que han escrito.

HABLAR

5. Los alumnos siguen trabajando por parejas, esta vez pasando directamente a la práctica oral. El profesor irá revisando sus actuaciones. Para que ambos miembros de la pareja representen los dos tipos de papeles, las tres primeras peticiones las hará el alumno A, y las otras tres, el alumno B.

PRONUNCIACIÓN Y ORTOGRAFÍA

- Leemos la explicación del cuadro, haciendo ciertas aclaraciones: las vocales abiertas son *a, e, o,* y las cerradas *u, i*. Cuando dos vocales se pronuncian en la misma sílaba o golpe de voz, tenemos un diptongo; si son tres las vocales que se unen, tenemos un triptongo. Cuando las vocales que van seguidas se pronuncian en distinta sílaba, tenemos un hiato.
La explicación se ilustra con diptongos e hiatos de distintas clases:

Ruido, viuda (vocal cerrada + vocal cerrada).
Aire, viaje (vocal abierta + cerrada o al revés).
Teatro (vocal abierta + abierta).
Frío, caí (vocal cerrada tónica + abierta o al revés).

- Se practica separando varias palabras por sílabas y subrayando la vocal tónica. Veremos que a veces las reglas básicas de acentuación no se cumplen:
Río (es llana y termina en vocal, pero se acentúa para que sepamos que tenemos que pronunciar las vocales en sílabas distintas, y además así no la confundimos con *rio*).

1. Tras cada par de palabras, el profesor interrumpe la audición y señala a un alumno, que pronuncia el par, diferenciando bien las palabras.

2. Se escucha la audición y los alumnos van poniendo las tildes. Después, cada frase será corregida en la pizarra por un alumno. Al corregir, marcaremos entre todos los diptongos y los hiatos de manera diferenciada, explicando cómo están formados.

> **1.** Ángel; **2.** vendrá; **3.** estudió; **4.** río; **7.** salí, hacía, frío; **8.** canción; **10.** sabía.

C. Historias de viajes

> **OBJETIVOS:**
> **Gramática:** Repaso de los tiempos de la narración.
> **Vocabulario:** Clima y fenómenos meteorológicos.
> **Comunicación:** Contar historias. Hablar del tiempo.

Antes de empezar

- Hablamos entre todos sobre qué es lo más desagradable que les ha ocurrido en un viaje.

1. Los alumnos ordenan el texto. El profesor pregunta qué es lo que le pasó a los señores Blanco. Se escucha la grabación para comprobar.

> Los señores Blanco iban entusiasmados a pasar sus vacaciones en un hotel de tres estrellas en la playa.
>
> Pero cuando regresaron, lo primero que hicieron fue ir a su agencia de viajes para quejarse.
>
> Sus vacaciones habían sido una pesadilla. Dijeron que su estancia había resultado desastrosa porque el hotel estaba muy sucio, con cucarachas en los dormitorios y en el restaurante.
>
> También se quejaron del mal servicio, dijeron que la bañera estaba en muy malas condiciones y que había un olor horrible en el baño. Aseguraron que se parecía más a una cárcel que a un hotel, y pidieron 6.000 € de compensación.
>
> Sin embargo, los responsables del hotel negaron todas las críticas y en la agencia de viajes les dijeron que fueran a juicio si lo deseaban.
>
> En el juicio, los responsables del hotel llevaron a varios testigos que dijeron que habían disfrutado mucho durante su estancia en el hotel y pidieron al juez que viera un video para demostrar lo agradable que era.
>
> Después de escuchar a las dos partes del conflicto, el juez dijo que parecía que estaban hablando de dos hoteles diferentes.
>
> Al final, el juez decidió que era imposible decir quien estaba diciendo la verdad; así que sólo se podía hacer una cosa: ir a ver el hotel por sí mismo.

> A. 7; B. 2; C. 5; D. 6; E. 4; F. 8; G. 1; H. 3.

2. Se escucha de nuevo la audición. Después nos aseguramos de que todo el mundo lo ha hecho correctamente escribiendo las formas verbales en la pizarra.

> **1.** Fueron; **2.** habían disfrutado; **3.** estaban; **4.** viera; **5.** se quejaron; **6.** fueran.

3. Antes de escuchar, los alumnos observan las viñetas: ¿creen que Paloma tuvo algún problema durante el viaje? ¿Cuál pudo ser? Se escucha la grabación y los alumnos ordenan los dibujos.

> Nunca olvidaré cómo empezó mi viaje a Nueva York.
>
> Llegué al aeropuerto de Barajas y facturé mi equipaje. Estaba haciendo mis últimas compras mientras esperaba para embarcar, cuando, de repente, me di cuenta de que había perdido mi tarjeta de embarque.

Todo el mundo estaba entrando en el avión y yo no podía embarcar. Creía que me quedaba en tierra. De repente, por el altavoz, oí mi nombre solicitando que me presentara en el mostrador de Iberia. Una niña la había encontrado junto a la puerta del servicio.

Por fin, ya en el avión, comenzó mi viaje de ocho horas atravesando el océano.

Al llegar al aeropuerto Kennedy, en Nueva York, todos los pasajeros fuimos a recoger nuestro equipaje.

Poco a poco mis compañeros de viaje iban desapareciendo con sus maletas, hasta que me encontré yo sola con una única maleta, que no era la mía, girando sobre la cinta de equipajes.

Ya no sabía qué hacer. Me dirigía hacia el puesto de policía y, al verme tan nerviosa, me pidieron que me sentara y me tranquilizara. De repente, vi llegar a un señor corriendo con mi maleta en la mano, tratando de aclarar el malentendido.

Me explicó que se había llevado mi maleta por error, ya que se parecía bastante a la suya, que seguía girando en la cinta de equipajes. No pude evitar el darle un abrazo de alegría al ver que podía continuar mi viaje tranquilamente.

6 – 5 – 2 – 4 – 7 – 1 – 3

4. Los alumnos escuchan de nuevo, completan las frases, y corregimos.

1. había perdido; **2.** me presentara; **3.** había encontrado; **4.** me sentara y me tranquilizara; **5.** se había llevado.

HABLAR

5. Reconstruyen la historia por parejas, con la ayuda de las frases y los dibujos. Después, el profesor pedirá que cuenten la historia entre varios alumnos con sus palabras.

6. Conversan de tres en tres sobre sus anécdotas de viajes y algunos alumnos las ponen en común con toda la clase.

ESCRIBIR

7. Tomando la historia de Paloma como modelo, cada estudiante escribe sobre algo que le ocurrió en un viaje. El profesor recoge los escritos, los revisa y al día siguiente comentará los errores más importantes. Propondrá a algunos alumnos que lean su historia.

VOCABULARIO

8. Los estudiantes completan individualmente el texto. Después escuchan para comprobar que lo han hecho correctamente. Se les pregunta qué tal tiempo hizo en su último viaje.

Mi primera experiencia de lo que es un verano lluvioso la tuve el pasado mes de julio cuando decidí ir de fin de semana con mi novio a Galicia. Nosotros vivimos en Sevilla, donde casi no llueve y el sol brilla todo el año. Nada más bajar del coche tuvimos que sacar el paraguas, porque empezó a llover. El resto de la gente caminaba por la calle tranquilamente, mientras nosotros buscábamos refugio en el hotel. Al día siguiente, cuando íbamos a salir hacia nuestra primera de excursión, tuvimos que cambiar de planes, porque estaba lloviendo a cántaros. A mediodía se retiraron las nubes y apareció el sol. Muy contentos, nos preparamos para bajar a la playa. A la media hora de estar sentados al sol (el agua estaba bastante fría y era imposible bañarse), el cielo se nubló, empezó a lloviznar y tuvimos que volvernos al hotel. Al día siguiente nos dirigimos al Cabo de Finisterre, para ver sus bonitas vistas. Nos tuvimos que llevar la chaqueta porque hacía bastante frío y allí soplaba un viento muy fuerte. Pero lo peor fue que, al llegar al mirador, no se veía absolutamente nada porque había una niebla muy espesa. Eso sí, comimos el plato de pulpo más rico que habíamos probado en nuestra vida.

1. sol; **2.** paraguas; **3.** lloviendo; **4.** nubes; **5.** nubló; **6.** frío; **7.** viento; **8.** niebla.

D. Escribe

> **OBJETIVOS:**
>
> **Expresión escrita:** Escribir una tarjeta postal.

Antes de empezar

1. Un alumno lee la tarjeta en voz alta y respondemos entre todos a las preguntas.

> 1. Laura y Sara.
> 2. Desde Córdoba.
> 3. A Jorge.
> 4. El barrio judío y la Mezquita.
> 5. Muy bueno, con mucho sol y una temperatura estupenda.

2. Los alumnos relacionan y corregimos. Podemos recordar alguna otra abreviatura de interés (n.º, C.P., …).

> 1. d; 2. f; 3. a; 4. c; 5. e; 6. b.

3. Los alumnos hacen el ejercicio y algunos salen a la pizarra para corregir una frase cada uno.

> 1. C/ Príncipe, 90, 2.º D, 30029, Barcelona, España.
> 2. Pza. de Peñuelas, 5, 4.º E, 28045, Madrid.
> 3. Avda. de la Paz, 128, 3.º izda., 12005, Toledo.
> 4. P.º Imperial, 16, 5.º dcha., 35004, Valencia.

COMUNICACIÓN

- Se lee el cuadro con indicaciones que les serán útiles al escribir postales.

4. Los alumnos escriben las dos postales y las intercambian con un compañero para que las corrija. No deben olvidar escribir correctamente la dirección de los destinatarios. El profesor supervisa la escritura y la corrección.

De acá y de allá

Antes de empezar

- Comentamos entre todos lo que sabemos de este país. ¿Alguien lo ha visitado o conoce a algún guatemalteco?

1. Los alumnos leen, comentamos las dudas de vocabulario, completan el verdadero / falso y corregimos.

> 1. F; 2. V; 3. F; 4. V; 5. V; 6. V; 7. F; 8. F; 9. V; 10. F.

E. Autoevaluación

1.
> 1. esté; 2. puedo; 3. tendrá; 4. encontramos; 5. Tendrá/tenga; 6. vive; 7. venga; 8. oiga; 9. subirá; 10. está.

2.
> 1. Piscina; 2. Restaurante; 3. Aparcamiento; 4. Televisión; 5. Teléfono; 6. Cafetería; 7. Aire acondicionado; 8. Calefacción; 9. Sala de reuniones; 10. Cuidado de niños.

3.
> 1. ¿Podría…?, Por supuesto.
> 2. ¿Le importaría…?, Ahora mismo, señor.
> 3. ¿Sería tan amable…?, Lo siento,…
> 4. ¿Podrías…?, ¡Cómo no!

4.
> 1. llegué; 2. pasé; 3. cruzábamos; 4. empezó. 5. nos abrochásemos; 6. nos asustamos; 7. atravesamos; 8. haciendo / hacía; 9. había aterrizado; 10. nos quitásemos.

5.
> 1. Muy soleado; 2. Lluvioso; 3. Niebla; 4. Viento; 5. Nublado; 6. Nieve; 7. Tormenta.

6.
> 1. F; 2. F; 3. V; 4. V; 5. V; 6. F.

11

A. En el mercadillo

OBJETIVOS:

Vocabulario: Prendas de vestir y compras.
Comunicación: Comprar en un mercadillo al aire libre.
Gramática: Pronombres personales de objeto directo e indirecto.

Antes de empezar

- El profesor invita a algunos alumnos a describir cómo va vestido él o algún compañero. Los dibujos numerados de la página 106 pueden servirles de ayuda. Otra opción es que el profesor ponga una transparencia con las dos ilustraciones, pero sin los nombres de las prendas. Entre todos tenemos que completar el nombre de cada prenda de vestir.

1. Comentan estas cuestiones por parejas y después se hace una puesta en común en la que cada uno nos habla del compañero. Se anota el vocabulario de interés en la pizarra.

VOCABULARIO

2. Vemos entre todos cuáles son las palabras en plural y en singular. Pueden señalarlas de distinta manera en su libro (con un círculo los singulares y un recuadro los plurales, etcétera).

SINGULARES	PLURALES
Camisa, Traje, Corbata, Sombrero, Jersey, Camiseta, Chándal, Chaqueta, Blusa, Bufanda, Pañuelo (de cuello), Cinturón, Bolso, Gorro, Abrigo, Guante, Sombrero	Pantalones, Botas, Zapatos, Zapatillas de deporte, Calcetines, Bolsillos, Botones, Pendientes, Medias, Zapatos (de tacón)

3. Los alumnos elaboran su lista y corregimos.

> Quiero un par de medias / de pantalones / de botas / de zapatos / de zapatillas de deporte / de calcetines / de pendientes / de zapatos (de tacón) / de guantes.

4. Los alumnos trabajan por parejas. Buscan y escriben las diferencias y corregimos (cada alumno nombra una diferencia, por ejemplo).

> En el dibujo A, la señora lleva un pañuelo en el cuello, un bolso y un cinturón. Su chaqueta tiene un bolsillo y más botones. Lleva un guante en la mano derecha.
>
> En el dibujo B, la señora lleva una media blanca y otra gris, y sólo lleva un pendiente. La falda y los zapatos son distintos. Lleva un guante en la mano izquierda.

5. Los alumnos completan individualmente y corregimos, dando cabida a las distintas opciones.

> EJERCICIO SEMILIBRE
> **1.** falda, blusa; **2.** traje, pantalones; **3.** zapatos; **4.** guantes; **5.** chaqueta.

IDEAS EXTRA

- Se pueden seguir explotando los dibujos de los escaparates para repasar vocabulario de prendas de vestir o como precalentamiento. Por ejemplo, los alumnos trabajan por parejas y cada uno intenta memorizar todo lo que pueda de una de las ilustraciones y, con el libro cerrado, le cuenta al otro lo que hay en el escaparate. Si no recuerda alguna prenda de vestir, su compañero puede darle pistas.

ESCUCHAR

6. Los alumnos leen primero las palabras y los diálogos e intentan completar lo que puedan. Se escucha la audición y ponen en común con el compañero lo que han anotado. Volvemos a escuchar para comprobar haciendo pausa después de cada diálogo y comentando entre todos qué expresiones hemos escrito.

A

PEPA:	Mira, Juani, qué jarrón tan bonito. ¿Te gusta?
JUANI:	Sí, sí, es precioso.
PEPA (al vendedor):	¿Me lo deja ver, por favor?
VENDEDOR:	Sí, señora, ¡cómo no! Es de cerámica de Talavera.
PEPA:	¿Cuánto cuesta?
VENDEDOR:	30 €.
JUANI:	Es un poco caro. Nos lo dejará usted un poco más barato.
VENDEDOR:	Venga, se lo dejo en 18 €. ¿De acuerdo?
PEPA:	Vale, nos lo llevamos. ¿Nos lo podría envolver para regalo?
VENDEDOR:	No hay problema. Ahora mismo.

B

PEPA:	El domingo me voy a la playa y no tengo zapatillas.
JUANI:	Pues mira esas de ese puesto, qué bonitas son.
PEPA:	¿Las tendrán en mi número? Se lo voy a preguntar. "¡Oiga, por favor! ¿Tiene usted esas zapatillas de color naranja en el número 38?".
VENDEDOR:	Un momento, señora, que lo miro. Ha habido suerte. Aquí tenemos un par. Pruébeselas, si quiere.
PEPA:	Déjemelas, por favor. ¿Te gusta cómo me quedan, Juani?
JUANI:	Sí, son preciosas. Además tiene ese bolso haciendo juego.
PEPA:	¿Cuánto vale el bolso?
VENDEDOR:	Si se lleva las dos cosas, se las dejo en 50 €.
PEPA:	¿50 €? Hágame una rebaja o, si no, no me las llevo.
VENDEDOR:	40 € y no se hable más.
PEPA:	Venga, vale, póngamelas.

C

PACO:	Hola, buenos días. Mire, que me compré estos pantalones la semana pasada y me están un poco pequeños. Venía a ver si tiene una talla más.
VENDEDOR:	Déjeme ver. Esta es la 38 y usted necesitaría la 40. Vamos a ver. Pues sí que la hay. Debería probárselos. Pase por aquí, que tenemos un probador.
PACO:	(silba mientras se los prueba y después de un momento): Ésta es mi talla. Me los llevo. ¿Tengo que pagarle algo?
VENDEDOR:	No, no. Cuestan lo mismo. Lo que hace falta es que le queden bien.
PACO:	Bueno, pues nada. Muchas gracias. ¡Hasta otro día!
VENDEDOR:	Adiós, buenos días.

A.
1. caro, barato.
2. nos lo llevamos.

B.
1. Tiene usted.
2. un par.
3. se las dejo.

C.
1. talla.
2. probador.
3. le sienten.

IDEAS EXTRA

- El profesor puede inventar algún diálogo sencillo basado en las pautas del ejercicio 6 y realizar una reconstrucción de la conversación: el profesor representa el diálogo solo con gestos, primero completo, y después frase por frase, haciendo él los dos papeles. Los alumnos tienen que ir reconstruyendo la conversación entre todos, palabra por palabra y frase, por frase guiados por el profesor. Cuando lo hayan logrado, el profesor repartirá unas fotocopias con el texto del diálogo.

Los alumnos pueden utilizar las ilustraciones de la página 106 para simular diálogos entre dependiente y cliente en una tienda.

GRAMÁTICA

- Se escriben estas frases en la pizarra:
  - *Tengo la dirección de Manuela.*
  - *He visto a mis primos.*
  - *He dado el regalo a mi cuñado.*

Explicamos a los alumnos que hay dos tipos de verbos: los que necesitan un complemento (*tener, ver…*) y los que necesitan dos (*dar, enviar, regalar…*). Entre todos subrayamos los complementos de las frases anteriores, explicando cómo se llama cada uno.
El profesor escribe en la pizarra los pronombres átonos de objeto directo e indirecto en dos columnas, una junto a la otra, y a su izquierda, los pronombres sujeto. Vemos que los pronombres objeto coinciden en forma salvo en la tercera persona. Diferenciamos claramente la función de cada uno y ponemos ejemplos:

- *LA* para hablar de nombres femeninos singulares cuando hacen la función de objeto directo; si son plurales, se usa *LAS*.
- *LO* para los objetos directos masculinos plurales; *LOS* si son plurales.
- *LE* o *LO* para los objetos directos masculinos singulares que son personas. Si son plurales, *LOS* o *LES*.
- Para los objetos indirectos, usamos solo *LE* si son singulares (femeninos o masculinos) y *LES* si son plurales.

Entre todos indicamos qué pronombres sustituirían a cada complemento en estas frases:
  *Compré **la corbata**. (LA)*
  *Tiré **el papel** a la papelera. (LO)*
  *Llamé **a Fernando** por teléfono. (LO/LE)*
  *Compré **la corbata a Luis**. (LA, LE)*

Estos pronombres van delante del verbo, (menos cuando está en imperativo, infinitivo o gerundio):
  *Compré la.   *La compré.*
  *Tiré lo.   *Lo tiré.*
  *Llamé le/lo.   *Le/lo llamé.*

Pero hay algunas reglas más: para verlas, remitimos a los estudiantes a los dos últimos puntos del cuadro de gramática (p. 107). Vamos haciendo en las frases las transformaciones necesarias:
  *Compré la le
  *La le compré   *Se la compré.*
  *Le la compré

Entre todos, completamos:
  – *¿Tienes la dirección de Manuela?*
  – *Sí, __ tengo.*

  – *¿Has visto a tus primos?*
  – *Sí, ____ he visto.*

  – *¿Has dado el regalo a tu cuñado?*
  – *Sí, __ ___ he dado.*

Sólo quedaría explicar con más detalle la cuestión del orden de los pronombres con (1) imperativo, (2) gerundio e infinitivo, y la de la (3) obligatoriedad de reduplicar el pronombre. Esta explicación se dejaría para otro momento para no hacer la sesión tan densa. Sirvan estas indicaciones como pauta para que cada profesor elabore su propio modo de explicar estas cuestiones.

1. IMPERATIVO:

a. *Póntelo, hazlo, escríbelas…*
(IMPERATIVO AFIRMATIVO + pronombres).

b. *No te lo pongas, no lo hagas…*
(O. indirecto + O. directo + IMPERATIVO NEGATIVO).

2. GERUNDIO E INFINITIVO:

Estoy diciéndotelo
Voy a regalártelo.
(VERBO AUXILIAR + infinitivo / gerundio + O. indirecto + O. directo)

Te lo estoy diciendo.
Te lo voy a regalar.
(O. indirecto + O. directo + VERBO AUXILIAR + infinitivo / gerundio)

3. OBLIGATORIEDAD DE REDUPLICAR EL PRONOMBRE:

a. Cuando el O. directo o el O. indirecto van delante del verbo, siempre se reduplican con un pronombre:
Este pañuelo lo compré en Zara.
A mi tía siempre le cuento todo.
A mis hijos los consejos se los doy con cariño.

b. Cuando el O. indirecto va después del verbo, su repetición con un pronombre es opcional. Pero lo más usual es la reduplicación:
(Le) Regalé un bolso a Marta.

c. El O. directo nunca se reduplica delante del verbo salvo en casos raros:
Lo sé todo.

7. Los alumnos hacen el ejercicio individualmente y corregimos. El profesor puede hacer cambios en las frases para comprobar si se ha comprendido cómo se usan los pronombres. También puede, cuando la frase es una pregunta, pedir respuesta a un alumno.

> 1. ¿Dónde lo has comprado?
> 2. ¿Quién te lo ha regalado?
> 3. Llévaselas.
> 4. Se lo he dado.
> 5. ¿Me los has traído?
> 6. Lo he perdido.
> 7. Se los compraron.
> 8. Acércamela, por favor.
> 9. Virginia los/les ha invitado a su cumpleaños.
> 10. Lo/le llamé ayer por la tarde.
> 11. Léeselas.
> 12. Se lo compré.
> 13. ¿Se los has leído?

B. ¡Me encanta ir de compras!

> VOCABULARIO:
>
> **Comunicación:** Expresar la cantidad.
> **Gramática:** Indefinidos (*bastante, mucho, poco, un poco, demasiado*).

Antes de empezar

- El profesor hace una ronda en la que cada alumno debe decir rápidamente el nombre de un tipo de tienda. Después, comentamos cuáles son las favoritas.

1. Por parejas, hablan de estos temas.

2. Los alumnos leen el texto, contestan las preguntas y corregimos. ¿Con cuál de esas personas se identifican más y por qué? Hablamos entre todos.

> 1. Todas las semanas.
> 2. Bastante dinero.
> 3. Una compradora compulsiva, porque compra sin pensarlo mucho y a veces se pasa.
> 4. Un comprador de comportamiento racional, porque sólo compra lo que necesita.
> 5. En rebajas.
> 6. Sí, porque busca hasta encontrar lo que quiere.
> 7. Ni con sus hijos ni con su marido.
> 8. No demasiado.
> 9. En primavera y en otoño.
> 10. Calidad.

GRAMÁTICA

- Leemos el cuadro de gramática y practicamos juntos, poniendo algunos ejemplos para que completen en la pizarra. A través de la práctica, recordamos que los nombres a los que acompañan las formas *poco/a, mucho/a, demasiado/a* tienen que ser nombres incontables; para los contables, tenemos las formas en plural.
  Ejemplificamos la función adverbial de *mucho, poco, bastante, demasiado*.
  Tratamos de diferenciar *poco* de *un poco* de, diciendo que el primero se refiere más bien a una cantidad que al hablante le parece insuficiente, mientras que *un poco de* significa "una pequeña cantidad".
  *Compra más vino, queda **poco**.*
  *¿Me das **un poco** de sal?*

  Por último, hacemos ver a los alumnos los distintos sentidos que pueden tener *bastante* (suficiente / término medio entre poco y mucho, cercano a mucho) y *demasiado* (sobrante / mucho).
  *¿Me das más harina? Aún no tengo **bastante**.*
  *Vamos **bastante** al teatro.*
  *Trabajas **demasiado**.*
  *La carne estaba buena, pero el postre no me gustó **demasiado**.*

3. Los alumnos subrayan la opción correcta y corregimos.

> 1. bastante; 2. pocos; 3. demasiado; 4. mucho; 5. un poco de; 6. mucho; 7. demasiado; 9. mucha; 10. un poco de.

4. Los alumnos completan y corregimos.

> 1. demasiado dinero; 2. demasiadas horas; 3. demasiado tiempo; 4. bastante agua; 5. bastantes huevos; 6. Demasiada responsabilidad.

C. Un hombre emprendedor

> **Objetivos:**
>
> **Vocabulario:** Léxico de la economía, la empresa y los negocios.
> **Gramática:** Uso de los artículos.
> **Pronunciación y ortografía:** Trabalenguas.

Antes de empezar

- Preguntamos a los alumnos qué creen que significa la expresión "ser emprendedor".

1. Los alumnos leen el texto, hacen el verdadero / falso y añaden otra afirmación más, verdadera o falsa, basándose en el texto. Trabajan con el compañero.
A: *Amancio Ortega es fundador de Zara.*
B: *Verdadero. Amancio Ortega nació en 1963.*
A: *Falso, nació en 1936.*

- Al final, se preguntan mutuamente sobre la afirmación que ellos mismos han añadido. Si algo no está claro o no hay acuerdo, el profesor intervendrá.

> **1.** V; **2.** F (Nació en 1936); **3.** V; **4.** F (Antes fue repartidor en una camisería); **5.** V; **6.** V; **7.** F (En pocas semanas hace llegar a sus tiendas las últimas tendencias); **8.** F. (Entre sus pasiones están su pazo, su embarcación, sus caballos y una colección de pintura.)

VOCABULARIO

2. Los alumnos relacionan y comprueban con su compañero. El profesor escribe la solución en la pizarra.

> **1.** A; **2.** C; **3.** J; **4.** B; **5.** D; **6.** E; **7.** F; **8.** G; **9.** I.

GRAMÁTICA

- Leemos la explicación gramatical. Buscaremos en el ejercicio que sigue ejemplos de cada caso. No olvidaremos recordar que el artículo determinado es incompatible con el verbo *haber*, ya que son frecuentes los errores de este tipo.

3. Los alumnos hacen el ejercicio y corregimos; se les animará a justificar su elección en los distintos casos.

> **1.** Ø, unos; **2.** Ø, un; **3.** al; **4.** los, las; **5.** Unas, al (a + el).

PRONUNCIACIÓN Y ORTOGRAFÍA

1. Los alumnos se dictan alternativamente los refranes por parejas. Escuchan la grabación, se para en cada refrán y algunos intentan repetirlos. Los memorizan y se puede hacer un concurso de refranes para ver quién los dice mejor y más rápido. Después, cada alumno puede inventar un refrán con los sonidos que más les cuesta pronunciar en español para practicar.

D. Escribe

> **Objetivos:**
>
> **Expresión escrita:** Escribir una carta de reclamación.

- Preguntamos qué tipo de carta escribimos cuando queremos hacer una reclamación. Se pide a los alumnos que echen un vistazo a la carta. Se trata de una carta formal. Van nombrando estos rasgos que la convierten en carta formal (el saludo, la despedida, el tratamiento de usted, otras fórmulas…).

1. Hablamos entre todos de situaciones en que hemos tenido que reclamar por alguna cuestión (o por lo menos hemos estado tentados de hacerlo). Se explica lo que pasó en cada situación y si conseguimos algo.

2. Quizás sea mejor realizar este ejercicio antes que el anterior, porque a través de él los estudiantes pueden recordar alguna de esas situaciones vividas por ellos. Trabajarán de cuatro en cuatro para elaborar la lista.

3. Los estudiantes leen la carta. ¿Por qué se enfadó Celia y escribió la carta?

4. Los alumnos ordenan la carta y uno de ellos la lee en voz alta. ¿Qué quiere conseguir Celia con su reclamación?

> **a.** 4 – **b.** 1 – **c.** 3 – **d.** 2 – **e.** 5

5. Se ve entre todos el vocabulario menos familiar para ellos (*exigir, importe, indemnización*), intentando que los que lo conozcan lo expliquen con sus palabras al resto. Los estudiantes rellenan los huecos y comprueban con su compañero.

> en, estrellas, que, habitación, exijo, importe, indemnización.

6. Recordamos a los alumnos que tengan en cuenta los puntos tratados en el recuadro azul (lenguaje formal, etc.) y que tomen como referencia la estructura y fórmulas de la carta de Celia y del fragmento que hemos visto. El profesor recogerá sus escritos para corregirlos.

De acá y de allá

Antes de empezar

- El profesor escribe en la pizarra los nombres de algunos lugares misteriosos.
  El triángulo de las Bermudas.
  Stonhenge.
  La Isla de Pascua.
  Nazca.

  ¿Saben por qué son misteriosos? ¿Qué podemos encontrar en los tres últimos?

1. Hablamos entre todos de lo que parecen los dibujos y compartimos conocimientos acerca de las líneas de Nazca. Si han oído hablar de ellas, ¿a través de qué medio ha sido?

2. Los alumnos leen y responden. Corregimos entre todos. ¿Qué teoría sobre las líneas les parece la más atractiva?

> 1. Unos dibujos geométricos en una meseta al sur de Lima que sólo pueden verse desde el aire.
> 2. En Perú.
> 3. Un piloto peruano.
> 4. La alemana María Reiche.
> 5. Que forman un calendario astronómico para calcular fechas y estaciones.
> 6. Que se trata de un calendario meteorológico.
> 7. María Reiche dice que se hicieron agrandando maquetas. Julin Nott decía que los nazcas podían fabricar globos aerostáticos. Por su parte, el suizo Erich von Daniken afirmaba que eran pistas de aterrizaje para extraterrestres.

E. Autoevaluación

1.
> A. El hombre lleva un traje con chaqueta y pantalón grises. En el bolsillo de la chaqueta, lleva un pañuelo blanco. Lleva una camisa clara, una corbata gris a juego con su sombrero y zapatos oscuros. En la mano, lleva un abrigo.
> B. La mujer lleva una camiseta roja de manga corta, unos vaqueros azules y un jersey a cuadros sobre los hombros. Lleva zapatos planos de color claro.

2.
> **1.** blusa; **2.** corbata; **3.** medias; **4.** bufanda; **5.** zapatos de tacón.

3.
> **1.** ir de compras; **2.** rebajas; **3.** tiendas; **4.** barato, **5.** probártelo, **6.** talla; **7.** queda bien; **8.** marca; **9.** moda.

4.
> **1.** Y ese bolso, ¿cuánto <u>cuesta</u>? (Dibujo 3)
> **2.** Oiga, por favor, ¿tiene unos vaqueros de la <u>talla</u> 42? (Dibujo 1)
> **3.** ¡Uy! Es muy <u>caro</u>, ¿me lo deja un poco más <u>barato</u>? (Dibujo 4)
> **4.** No me <u>quedan</u> bien. Necesito una talla más. (Dibujo 2)
> **5.** Póngame las dos cosas, que me <u>las</u> llevo. (Dibujo 4)

5.
> **1.** la; **2.** Les/los; **3.** Los; **4.** las; **5.** te.

6.
> **1.** Me lo; **2.** lo, pídeselo; **3.** Me, te lo; **4.** Le, se la; **5.** te lo.

7.
> **1.** bastante; **2.** un poco; **3.** Muchos **4.** demasiada; **5.** muchos; **6.** bastante; **7.** mucho; **8.** un poco; **9.** muchos; **10.** Demasiadas.

8.
> **1.** Ø; **2.** la; **3.** Ø; **4.** una; **5.** Ø; **6.** la; **7.** unas; **8.** Ø; **9.** la, una; **10.** un.

9.
> **1.** cálidos; **2.** fríos; **3.** vestirse; **4.** gorro; **5.** guantes; **6.** calcetines; **7.** botas; **8.** abrigo; **9.** jersey; **10.** bufanda.

11

12

A. 7 de julio, San Fermín

OBJETIVOS

Comunicación: Hablar de fiestas tradicionales.
Vocabulario: Fiestas.
Gramática: Pasiva e impersonal con *se*.

Antes de empezar

- ¿Qué fiestas hispanas conocen? ¿Han participado en la celebración de alguna de ellas? Si es así, explican al resto de la clase en qué consistió.

1. Comentamos entre todos las cuestiones planteadas.

- LA FOTO 1 corresponde a la fiesta de San Fermín que se celebra durante la primera semana de julio en Pamplona, España. San Fermín es el santo patrón de la ciudad, y la actividad más conocida es el "encierro", que consiste en correr delante de los toros durante unos 100 metros. A veces hay heridos, e incluso alguna vez, muere alguno de los "corredores".

- LA FOTO 2 corresponde a la celebración del Año Nuevo en China y también en otros países asiáticos como Japón y Corea. Todo el mundo recibe el nuevo año con tres días de fiestas. Suele caer a principios de febrero.

- LA FOTO 3 ilustra el Carnaval de Río de Janeiro, que cae también en febrero.

- LA FOTO 4 corresponde a la fiesta de Halloween, de origen anglosajón, que hoy día se celebra en gran parte del mundo occidental la noche del 31 de octubre, víspera del Día de Todos Los Santos (1 de noviembre).

¿A cuál de estas fiestas les gustaría más asistir?

2. Los alumnos trabajan de cuatro en cuatro. Después, algunos contarán a la clase lo que recuerden sobre la fiesta que más les ha llamado la atención de las que han contado sus compañeros.

LEER

3. Los alumnos leen y responden. Corregimos entre todos.

> 1. El 24 de junio, solsticio de invierno.
> 2. El Inti Raymi o fiesta del sol.
> 3. En la antigua fortaleza inca de Sacsayhuamán.
> 4. En una representación teatral para recordar el culto de los incas a su dios.
> 5. Desde 1944.

4. Entre todos vemos qué título encaja con cada parte.

> **1.** C; **2.** B; **3.** A.

GRAMÁTICA

- Leemos la explicación del cuadro. ¿Se les ocurre algún ejemplo más (sobre todo, de lo que se explica en el último punto)?
  Se pelan y se cortan las zanahorias y se ponen a cocer.
  En Navarra se come muy bien.

5. Los alumnos completan las frases y corregimos.

> **1.** se vende; **2.** se arreglan; **3.** se terminarán; **4.** se hacen; **5.** se oye; **6.** se hace; **7.** se escribe; **8.** se hace; **9.** se han vendido; **10.** se vive, se trabaja.

IDEAS EXTRA

- El profesor tiene una bolsa llena de papelitos con vocabulario visto a lo largo del curso o léxico en general que quiera repasarse. Un alumno saca uno con una palabra y tiene que dar una pista construyendo una frase con *se* para que los demás la adivinen:
  – *Se usan para no tener frío en las manos.*
  – *Los guantes.*
  – *Se compra en el metro de Madrid y sirve para viajar diez veces en metro o en autobús.*
  – *El metrobús.*

ESCRIBIR

6. Los alumnos pueden escribir el artículo sin decir el nombre de la fiesta ni el país donde se celebra. Cada uno escribirá en la pizarra el nombre de su fiesta y el país. El profesor recogerá los escritos y los corregirá, leerá algunos en voz alta y se harán conjeturas sobre la fiesta de la que se habla.

Probablemente sea la fiesta de Aid es Seguer, en Marruecos.

B. ¿Quieres venir a mi casa en Navidad?

> **OBJETIVOS**
>
> **Comunicación:** Pedir permiso y pedir un favor.
> **Gramática:** *¿Te / le importa que* + subjuntivo?
> *¿Te / le importa* + infinitivo?

Antes de empezar

- El profesor escribe en la pizarra:
  – *¿Le importaría abrir la puerta de delante?*
  – *¿Quieres que te lo explique?*
  – *Perdona, ¿puedo fumar?*

A continuación, pide a los alumnos que expliquen una situación en que serían posibles estas frases. ¿Qué podríamos responder? ¿Qué estamos haciendo al pronunciarlas? (Pedir un favor, ofrecer ayuda y pedir permiso respectivamente).

1. Cada diálogo es leído en voz alta por dos alumnos.

2. Respondemos entre todos, detallando cuál es el favor, para qué se pide permiso y qué tipo de ayuda se ofrece.

> 1. En el segundo de la izquierda y en el segundo de la derecha.
> 2. En el primero de la izquierda.
> 3. En el primero de la derecha.

COMUNICACIÓN

- Vemos el cuadro con las distintas expresiones. Escribimos en la pizarra maneras de responder que conozcamos (los diálogos que acabamos de ver servirán de ayuda. Es interesante el último: en vez de una simple negativa, que sería descortés, damos una justificación para no hacer lo que se nos pide).

3 y 4. Los estudiantes escriben sus frases y corregimos. En un caso del ejercicio 4 se ofrece ayuda: ¿cuál es?

> (Ejercicio semilibre)
> 1. ¿Queréis que me quede con Carlos?
> 2. ¿Quieres que te lo compre?
> 3. ¿Quieres que te ayude con el informe?
> 4. ¿Quieres que te lo explique?
> 5. ¿Queréis que os lleve en coche?

> (Ejercicio semilibre)
> 1. ¿Podrías prestarme este libro?, tengo ganas de leerlo. / ¿Te importa prestarme este libro?...
> 2. ¿Podrías bajar un poco la tele, por favor? / ¿Te importa bajar un poco la tele?
> 3. ¿Quiere que la ayude?
> 4. ¿Podrías quedarte con el niño, por favor? / ¿Te importa quedarte con el niño?
> 5. ¿Podría salir hoy un poco antes? Es que tengo que hablar con el profesor de mi hijo. / ¿Le importa que salga hoy un poco antes?
> 6. ¿Le importa que deje la maleta en la habitación…? / ¿Podría dejar la maleta en la habitación hasta las 15:00?

LEER

5. Los alumnos leen el texto sobre la Navidad en Chile y completan con las palabras del recuadro. Corregimos y vamos viendo el vocabulario que desconozcan. ¿Qué les ha sorprendido más de la Navidad en Chile?

> 1. lleno de regalos; 2. dejar los regalos; 3. ensaladas y pavo; 4. frutos secos, 5. trozos de algodón; 6. cada uno ha pedido.

IDEAS EXTRA

- ¿Les gusta la Navidad a nuestros alumnos? Pedimos a varios de ellos que digan 5 palabras clave sobre esta fiesta. Después, escribirán un pequeño texto con esas palabras.

C. Gente

OBJETIVOS

Comunicación: Responder a un cuestionario personal.
Gramática: Adverbios.
Pronunciación y ortografía: Mensajes por móvil.

1. Entre todos vamos aventurando cómo puede ser Sonia basándonos en la foto y en lo poco que sabemos de ella. De este modo volvemos a practicar la descripción de personas y cómo hablar de sus gustos, y repasamos los adjetivos de personalidad vistos a lo largo del curso. Además, podemos describirla físicamente.

2. Antes de mirar el cuestionario, los alumnos intentan adivinar de qué preguntas se trata. Entre todos hacemos hipótesis. Después, se buscan las preguntas correspondientes del cuestionario. ¿Hemos acertado muchas?

> **a.** 1; **b.** 2; **c.** 4; **d.** 9; **e.** 11; **f.** 7; **g.** 6; **h.** 12.

3. Los alumnos escuchan un par de veces y comprueban con el compañero. Se realiza la puesta en común. Ahora que conocemos sus respuestas, ¿es Sonia como la habíamos imaginado?

> LOCUTOR: Buenas tardes, hoy vamos a entrevistar a Sonia, la cantante gaditana que se presentó al programa de *Operación Triunfo*.
> LOCUTOR: Sonia, ¿quién es la persona de tu familia que más admiras?
> SONIA: Mi madre.
> LOCUTOR: ¿En qué parte de la casa te sientes más cómoda?
> SONIA: En mi dormitorio.
> LOCUTOR: ¿Sabes cocinar?
> SONIA: Sí, un poco.
> LOCUTOR: ¿Cuál es tu plato preferido?
> SONIA: La paella.
> LOCUTOR: ¿Te gustan los animales?
> SONIA: Sí, tengo dos perros.
> LOCUTOR: ¿A qué lugar del mundo te gustaría viajar?
> SONIA: A la India.
> LOCUTOR: ¿Qué tipo de música escuchas normalmente?
> SONIA: Me gusta el pop y a veces escucho música romántica.
> LOCUTOR: ¿Quién es tu actor/actriz preferido?
> SONIA: Javier Bardem.
> LOCUTOR: ¿Cuántos idiomas hablas?
> SONIA: Inglés y un poco de francés.
> LOCUTOR: ¿Qué haces cuando estás nerviosa?
> SONIA: Canto, o llamo por teléfono a alguien.
> LOCUTOR: ¿Qué es lo que más te molesta de la gente?
> SONIA: Que no sea sincera.
> LOCUTOR: ¿A qué tienes miedo?
> SONIA: A la muerte.
> LOCUTOR: ¿Cuál es tu principal virtud?
> SONIA: Soy ambiciosa, consigo lo que quiero.
> LOCUTOR: ¿Cuál es tu principal defecto?
> SONIA: La ambición se vuelve a veces contra mí.
> LOCUTOR: ¿Qué planes tienes para las vacaciones del año próximo?
> SONIA: No tengo planes porque tengo una gira en verano.
> LOCUTOR: ¿Qué te gustaría hacer cuando te jubiles?
> SONIA: No lo he pensado, de momento sólo pienso en cantar.

> **1.** Mi madre; **2.** En mi dormitorio; **3.** Sí, un poco; **4.** La paella; **5.** Sí; **6.** A la India; **7.** Música pop y, a veces, música romántica; **8.** Javier Bardem; **9.** Inglés y un poco de francés; **10.** Canta, o llama por teléfono a alguien; **11.** Que no sea sincera; **12.** A la muerte; **13.** Es ambiciosa y consigue lo que quiere; **14.** Su ambición; **15.** Tiene una gira. **16.** No lo ha pensado.

4. Por parejas, los alumnos se hacen la entrevista mutuamente. Después, algunos explican al resto lo que recuerdan de su compañero, haciendo una especie de resumen de la entrevista.

GRAMÁTICA

- Leemos la explicación gramatical. Recordamos que los adverbios no varían en género ni en número. Esto les servirá para reconocer mejor esta categoría, y les ayudará a realizar correctamente el ejercicio 6. (Ver "referencia gramatical", página 149).

5. Los alumnos hacen el ejercicio y corregimos. ¿Qué otros adverbios podríamos poner en cada frase? Aprovechamos la productividad del sufijo *–mente* (El examen fue *increíblemente, extraordinariamente* fácil, etc.).

> **1.** sorprendentemente; **2.** perfectamente; **3.** inmediatamente; **4.** próximamente; **5.** amablemente; **6.** profundamente; **7.** rápidamente.

6. Los alumnos hacen el ejercicio y corregimos. Podemos pedirles que construyan una frase con cada opción desechada para que se vea mejor la diferencia.

> **1.** Bien; **2.** bien, muchos; **3.** despacio; **4.** demasiados; **5.** rápidamente; **6.** pronto; **7.** bien; **8.** mal; **9.** buen.

7 y 8. Los alumnos relacionan y ponen en común lo que han hecho con su compañero. Juntos piensan situaciones y frases para justificar sus repuestas. Después, vemos entre todos si sus elecciones han sido acertadas.

> **1.** b, d, e, g, h; **2.** a, c, d, e, f, g, h; **3.** a, c, d, e, g, h; **4.** a, c, d, f ; **5.** c, h; **6.** a, b, c, d, f ; **7.** c, d, e ; **8.** a, d, e, g, h ; **9.** a, c, d, e, h.

IDEAS EXTRA

- Se escribe una lista de verbos o expresiones en la pizarra. El profesor señala uno y pide a varios un alumno que construya una frase con él usando un adverbio apropiado. Se repetirán varias veces los verbos, pero no pueden repetirse los adverbios, porque quien lo haga quedará eliminado.

> CANTAR
> TOCAR
> REÍR
> REÍR
> RONCAR

PRONUNCIACIÓN Y ORTOGRAFÍA

1 y 2. Los alumnos escriben individualmente los mensajes y comparan con el compañero, completando entre los dos lo que pueda faltar. Escuchamos mientras vamos corrigiendo en la pizarra (cada frase la escribe un alumno, por ejemplo), para que no haya errores ortográficos.

> **A.** ¡Hola, feo! ¿Cómo te va todo? Yo voy en el autobús de camino a la universidad. ¿Te apetece que nos tomemos un café? Un beso.
> **B.** Papá, estoy en la biblioteca y tardaré una media hora. Luego nos vamos. Un beso.
> **C.** ¿Vamos al cine esta tarde? Quiero ver *El señor de los anillos.*
> **D.** Hola, ¿qué tal? No puedo ir contigo al cine. Mañana tengo un examen de matemáticas. Nos vemos el lunes.
> **E.** ¡Hola, Jose! Lo siento, pero no te puedo llamar porque no tengo batería. Cuando llegue a casa te llamo y hablamos.

¿Alguien conoce otras abreviaturas que suelen usarse en estos mensajes? Si es así sale a la pizarra, la escribe, y el resto dice lo que significa.
T qro = Te quiero

D. Escribe

> **OBJETIVOS**
>
> **Expresión escrita:** Escribir una redacción (conectores discursivos).

Antes de empezar

- ¿Qué cosas creen que pueden hacer para escribir mejor en español? Hacemos una lista entre todos.
  Para escribir mejor en español, es importante leer bastante en español.

1. Hablamos entre todos de la utilidad de escribir para aprender una lengua. ¿Es necesario, o lo importante es hablar? Pensamos en situaciones de la vida cotidiana en las que necesitamos saber escribir bien o enfrentarnos correctamente a textos escritos, y vemos entre todos lo que hemos aprendido a hacer en este sentido durante el curso.

- Hay argumentos a favor y argumentos en contra de la utilidad de escribir redacciones.
  Se puede argumentar en contra que en la vida real no se escriben redacciones. En muchos trabajos será necesario escribir cosas como informes o cartas, pero no redacciones exactamente. Además, los estudiantes no ven bien el objetivo de escribir por escribir, para que lo lea el profesor y le ponga una nota.

El argumento más importante para nosotros es que al escribir redacciones se ponen en marcha muchas estrategias que en última instancia nos sirven para mejorar la competencia lingüística general: nos vemos obligados a ordenar ideas, a repasar la gramática y el vocabulario que conocemos.

Otro argumento, no menos importante, es que en muchos exámenes se exige una redacción para demostrar tu dominio de la lengua.

Leemos el cuadro con las estructura de la redacción. Atendemos al procedimiento: ¿es eso lo que suelen hacer? ¿Tienen algún truco que les funcione?
Yo intento buscar algún texto que me sirva de modelo y me fijo en la estructura y las expresiones.

2. Los alumnos trabajan de cuatro en cuatro. Ahora que conocemos bien los intereses del grupo, puede proponerse otro tema si se cree oportuno.

3. Entre todos enriquecemos nuestra visión del tema, lo que posibilita un proyecto de redacción más ambicioso.

4. Este ejercicio sirve para interiorizar la teoría vista sobre cómo estructurar la redacción, y prepara para la actividad final.

D
A
C
B

5. Si hay tiempo, sería conveniente ilustrar el uso de los distintos conectores trayendo diversos ejemplos a clase. El profesor marcará en cada escrito dónde están los errores para que cada estudiante pueda corregirlos.

De acá y de allá

Antes de empezar

- Además de los aztecas, ¿conocen otros pueblos originarios de lo que hoy es Hispanoamérica?

1. Los alumnos señalan verdadero o falso basándose en lo que ya saben sobre los aztecas. Si se prefiere, puede dejarse la corrección para el final.

> **1.** F (México); **2.** V; **3.** V; **4.** F (Era un capitán español); **5.** F (Era el maíz); **6.** V.

2. Leen, comprueban y corregimos, revisando el vocabulario más difícil (*deambular, vestigios…*).

3. Los alumnos contestan y añaden otras tres preguntas. Mientras corregimos las del libro, se las hacen al resto de la clase.

> **1.** Tenochtitlán; **2.** Un capitán español. Detuvo a Moctezuma y venció a los aztecas, destruyendo Tenochtitlán; **3.** El último caudillo de los aztecas; **4.** Del árbol del cacao. **5.** De pirámide; **6.** Está compuesto por un año de dieciocho meses, de veinte días cada uno, más otros cinco complementarios.

E. Autoevaluación

1.

> **1.** Vivo en París desde <u>hace</u> dos años.
> **2.** Ernesto <u>ha estudiado</u> tres años en la Universidad de Sevilla.
> **3.** Mi abuelo <u>murió</u> en 1977.
> **5.** Luis llega <u>a</u> casa a las 9 de la noche.
> **6.** Cuando llegamos a la estación, el tren ya <u>había salido</u>.
> **9.** Rosa no <u>se</u> enfada casi nunca, es muy amable.
> **12.** Aquí no vive nadie que se <u>llame</u> Luis.
> **13.** Ana ha empezado <u>a</u> trabajar en una tienda de ropa.
> **14.** Cuando era niño no me <u>gustaba</u> estudiar, pero ahora sí.
> **15.** He comprado manzanas para que Luis <u>prepare</u> una tarta.

17. Si te duele más tiempo la cabeza, es conveniente que <u>vayas</u> a ver al médico.
18. China es <u>el</u> país más poblado del mundo.
19. Si <u>pudiera</u>, iría a ver la película, pero no puedo.
22. Pablo, la profesora dice que <u>vayas</u> a su mesa ahora mismo.
24. A lo mejor <u>vamos</u> este año a París.
25. Óscar, en mi mesa hay una carpeta, <u>tráemela</u>, por favor.

2.

1. billete; **2.** casarse; **3.** alta; **4.** venir; **5.** útil; **6.** mejillones; **7.** carne; **8.** salchichas; **9.** antibióticos; **10.** carretera; **11.** Nilo; **12.** autopista.

3.

1. e; **2.** a; **3.** b; **4.** g; **5.** h; **6.** c; **7.** d; **8.** f.

4.

nací, vivíamos, íbamos, estaba, era, llevaban, tenía, fuimos, llevaban, tuve, Empecé, llegué, Canté, tenía, actuado, era, eran.

5.

1. diciembre; **2.** nuevo; **3.** la costumbre; **4.** los turrones; **5.** las campanadas; **6.** millares; **7.** mejores; **8.** madrugada.

Actividades en pareja

1. Aventureros

A

1. Tu compañero es un famoso viajero y aventurero. Completa el texto sobre él haciéndole preguntas con *¿Desde cuándo...?* y *¿Cuánto tiempo hace que...?*

   A. *¿**Cuánto tiempo hace que** naciste?*
   B. *51 años.*

   Se llama (nombre y apellido de tu compañero) y tiene **51** años. Empezó a viajar por el mundo cuando tenía sólo _____. Hace _____ que volvió de Tailandia y ya está planeando su próxima aventura: un recorrido por la costa oriental de África. Por eso estudia swahili desde _____.

   Se cuida mucho: hace yoga desde _____, y es vegetariano desde _____. Es un gran aficionado a la escalada, deporte que practica desde _____ para mantenerse en forma.

   (Nombre de tu compañero) no le tiene miedo a nada…, bueno, a casi nada: en _____ se quedó encerrado durante dos horas en el ascensor de un hospital. Desde entonces le dan pánico los espacios cerrados.

2. Eres un náufrago que vive en una isla desierta, y este es un texto sobre ti: responde a las preguntas de tu compañero buscando la información en el texto.

   B. *¿**Desde cuándo** vives en una isla desierta?*
   A. *Desde que naufragó mi barco en 1966.*

   Se llama (escribe tu nombre y apellido) y vive en una isla desierta **desde que naufragó su barco en 1966**. Hace ya **varios años** que dejó de mandar mensajes dentro de una botella y decidió aprender a vivir en aquel lugar con los recursos disponibles. Enseguida encontró una cueva donde resguardarse, pero desde **que se produjo un desprendimiento de rocas**, vive en una cabaña que él mismo construyó. Desde **que llegó a la isla**, fabrica sus propios utensilios. No ha visto pasar ningún barco ni avión en los últimos **seis meses**, pero en la isla no se siente solo desde **que conoció a Piwi, un pequeño monito muy simpático**. Como tenía mucho tiempo, hace ya **un año** empezó a escribir sus memorias tallándolas en piedra, aunque todavía va por el primer capítulo. Sólo hace **una semana** que un grupo de periodistas le encontró por casualidad y ya es famoso en el mundo entero.

1. Aventureros

B

1. Eres un famoso viajero y aventurero, y este es un texto sobre ti: responde a las preguntas de tu compañero buscando la información en el texto.

   A. *¿**Cuánto tiempo hace que** naciste?*
   B. *51 años.*

   Se llama (escribe tu nombre y apellido) y tiene **51 años**. Empezó a viajar por el mundo cuando tenía sólo **3 meses**. Hace **sólo una semana** que volvió de Tailandia y ya está planeando su próxima aventura: un recorrido por la costa oriental de África. Por eso estudia swahili desde **hace unos meses**.
   Se cuida mucho: hace yoga desde **los 18 años**, y es vegetariano desde **que fue capturado por una tribu de caníbales.** Es un gran aficionado a la escalada, deporte que practica desde **la adolescencia** para mantenerse en forma.
   (Escribe tu nombre) no le tiene miedo a nada…, bueno, a casi nada: en **agosto de 2000** se quedó encerrado durante dos horas en el ascensor de un hospital. Desde entonces le dan pánico los espacios cerrados.

2. Tu compañero vive en una isla desierta. Unos periodistas le han encontrado y han escrito este texto sobre él. Complétalo haciéndole preguntas con *¿Desde cuándo…?* y *¿Cuánto tiempo hace que…?*

   B. *¿**Desde cuándo** vives en una isla desierta?*
   A. *Desde que naufragó mi barco en 1966.*

   Se llama (nombre y apellido de tu compañero) y vive en una isla desierta **desde que naufragó su barco en 1966**. Hace ya _____ que dejó de mandar mensajes dentro de una botella y decidió aprender a vivir en aquel lugar con los recursos disponibles. Enseguida encontró una cueva donde resguardarse, pero desde _____, vive en una cabaña que él mismo construyó. Desde _____, fabrica sus propios utensilios. No ha visto pasar ningún barco ni avión en los últimos _____, pero en la isla no se siente solo desde _____. Como tenía mucho tiempo, hace ya _____ empezó a escribir sus memorias tallándolas en piedra, aunque todavía va por el primer capítulo. Sólo hace _____ que un grupo de periodistas le encontró por casualidad y ya es famoso en el mundo entero.

2. Viñetas rotas

A

1. Tú tienes sólo la primera parte de cada viñeta. Tu compañero tiene las viñetas completas. Entre los dos, formad frases reconstruyendo lo que pasó, como en el ejemplo.

   A. *Cuando el hombre **salió** a la calle...*
   B. *...había nevado.*

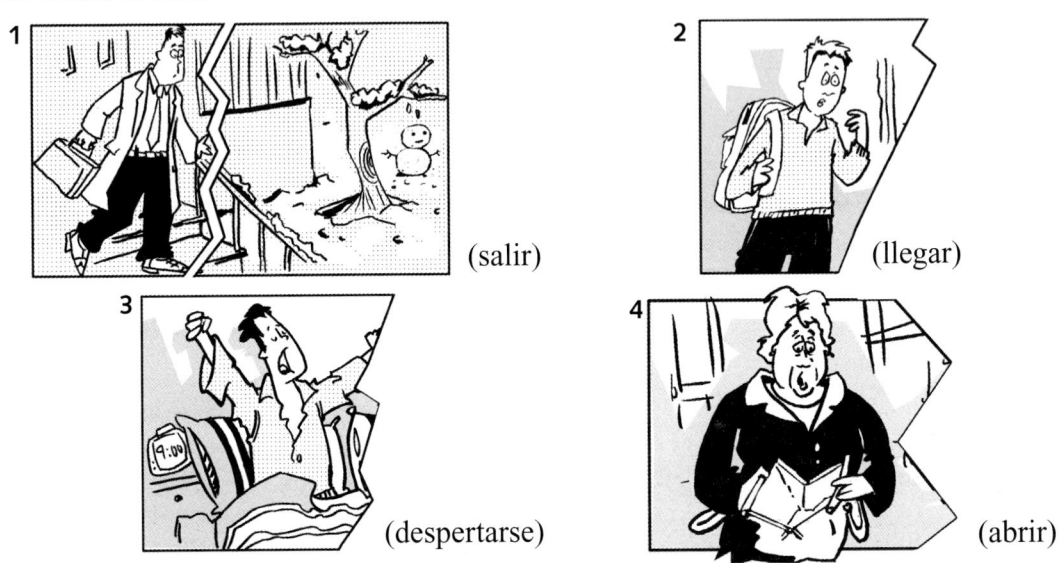

   1 (salir)   2 (llegar)

   3 (despertarse)   4 (abrir)

2. Tu compañero tiene sólo la primera parte de cada viñeta. Tú tienes las viñetas completas. Escucha lo que dice tu compañero, busca la viñeta correspondiente y di lo que pasó, como en el ejemplo.

   B. *Cuando **abrió** el horno*
   A. *...se había quemado la comida..*

2. Viñetas rotas

B

1. Tu compañero tiene sólo la primera parte de cada viñeta. Tú tienes las viñetas completas. Escucha lo que dice tu compañero, busca la viñeta correspondiente y di lo que pasó, como en el ejemplo.

   A. *Cuando el hombre **salió** a la calle...*   B. *...había nevado.*

2. Tú tienes sólo la primera parte de cada viñeta. Tu compañero tiene las viñetas completas. Entre los dos, formad frases reconstruyendo lo que pasó, como en el ejemplo.

   B. *Cuando **abrió** el horno...*
   A. *...se había quemado la comida.*

   1 (mirar)   2 (llevar)   3 (abrir)   4 (entrar)

3. Dime

A

1. Completa el cuadro con la información que te parezca adecuada. Después, comprueba si tu compañero piensa lo mismo que tú, utilizando los verbos del recuadro en subjuntivo, como en el ejemplo:

A. *Dime una verdura **que empiece** con la letra "e".*
B. *Las espinacas. Y tú dime un monumento español **que sea** famoso.*
A. *La Giralda de Sevilla.*

> empezar – preocupar – parecer
> estar – ser – querer

DIME...	TÚ	TU COMPAÑERO
Una verdura con la letra "e"		*Espinacas*
Un problema ecológico preocupante		
Una profesión interesante		
Un color de la bandera española		
Un plato típico español		
Un medio de transporte barato		
Una fiesta hispana importante		
Un lugar del mundo hispano que visitar		
Una prenda de vestir cómoda		

B

1. Completa el cuadro con la información que te parezca adecuada. Después, comprueba si tu compañero piensa lo mismo que tú, utilizando los verbos del recuadro en subjuntivo, como en el ejemplo:

A. *Dime una verdura **que empiece** con la letra "e".*
B. *Las espinacas. Y tú dime un monumento español **que sea** famoso.*
A. *La Giralda de Sevilla.*

> ser – divertirse – parecer – tener
> querer – molestar

DIME	TÚ	TU COMPAÑERO
Un monumento español famoso		*La Giralda de Sevilla*
Una prenda de vestir elegante		
Un servicio imprescindible en un hotel		
Una costumbre española agradable		
Una costumbre española molesta		
Un espectáculo aburrido		
Un deportista español con medallas o premios importantes		
Un lugar donde divertirse		
Un idioma que aprender		

4. ¡Cómo hemos cambiado!

A

1. Aquí tienes una imagen de Ricardo hace 10 años. Fíjate en la información que te damos en la lista y en el dibujo, y haz preguntas a tu compañero para saber qué cosas han cambiado en su vida, siguiendo la estructura del ejemplo.

   A. ¿**Sigue siendo** soltero?
   B. *No, ahora está casado.*

   - Es soltero.
   - Vive con sus padres.
   - Estudia en la universidad.
   - Le gusta el arte abstracto.
   - Tiene poco dinero.
   - Fuma.
   - Tiene el pelo largo.
   - Viste de manera informal.
   - Lleva gafas.
   - Juega al tenis.

2. Aquí tienes una imagen actual de Sofía. Fíjate en el dibujo y responde a tu compañero diciéndole qué cosas han cambiado en su vida o ha dejado de hacer, y cuáles siguen siendo iguales.

   B. ¿**Sigue siendo** soltera?
   A. *Sí, sigue siendo soltera.*

   Pues sí, desde que trabajo aquí, en Barcelona, echo mucho de menos a mi novio Luis, pero bueno... Oye, por cierto, me sé un chiste buenísimo: ¿sabes por qué los elefantes...?

4. ¡Cómo hemos cambiado!

B

1. Aquí tienes una imagen actual de Ricardo. Fíjate en el dibujo y responde a tu compañero diciéndole qué cosas han cambiado en su vida o ha dejado de hacer, y cuáles siguen siendo iguales.

   A. ¿**Sigue siendo** soltero?
   B. *No, ahora está casado.*

2. Aquí tienes una imagen de Sofía hace 10 años. Fíjate en la información que te damos en la lista y en el dibujo, y haz preguntas a tu compañero para saber qué cosas han cambiado en su vida, siguiendo la estructura del ejemplo.

   B. ¿**Sigue siendo** soltera?
   A. *Sí, sigue siendo soltera.*

   - Es soltera.
   - Sale con un chico que se llama Luis.
   - Vive en Lugo.
   - Trabaja en una panadería.
   - Pesa más de 90 kg.
   - Lleva el pelo teñido de rubio.
   - Va al trabajo en bicicleta.
   - Le gustan mucho los animales.
   - Se compra muchos collares.
   - Cuenta siempre el mismo chiste sobre elefantes.

   Te voy a contar un chiste: ¿Por qué los elefantes no juegan con el ordenador? Porque les da miedo el ratón.

5. Regalos

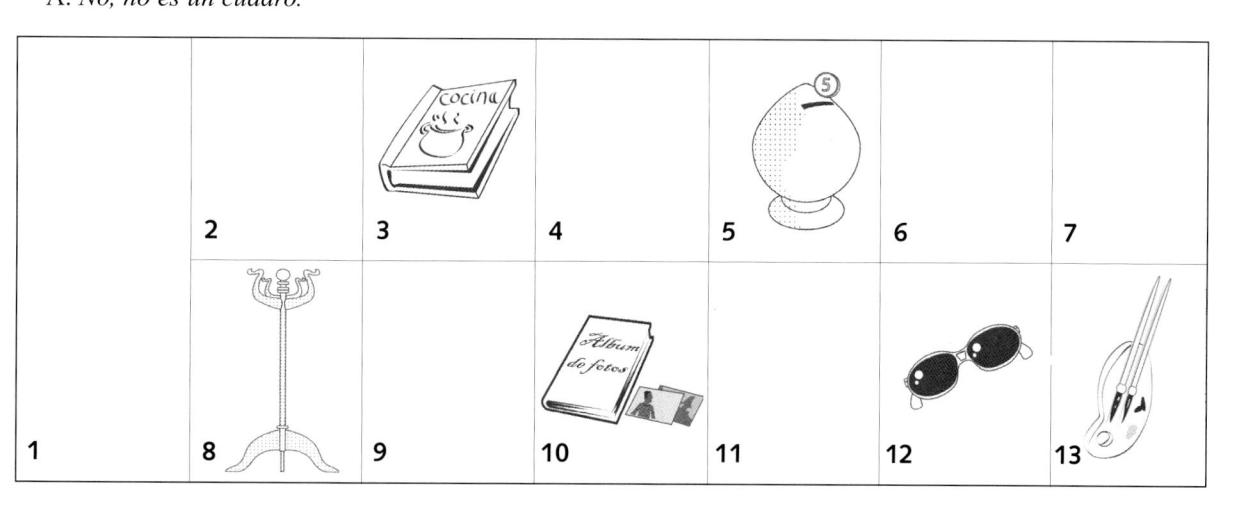

A

1. Tu compañero y tú vais a haceros algunos regalos. Cada uno tiene que dar pistas utilizando **para que** + **subjuntivo**, y adivinar qué le va a regalar su compañero.

   A. *Te lo regalo **para que decores** tu casa.*
   B. *¿Un cuadro?*
   A. *No, no es un cuadro.*

   B. *¿Un jarrón?*
   A. *¡Sí, eso es!*

1	2	3	4	5	6	7
	8	9	10	11	12	13

B

1. Tu compañero y tú vais a haceros algunos regalos. Cada uno tiene que dar pistas utilizando **para que** + **subjuntivo**, y adivinar qué le va a regalar su compañero.

   A. *Te lo regalo **para que decores** tu casa.*
   B. *¿Un cuadro?*
   A. *No, no es un cuadro.*

   B. *¿Un jarrón?*
   A. *¡Sí, eso es!*

1	2	3	4	5	6	7
	8	9	10	11	12	13

6. Es conveniente...

A

1. Describe a tu compañero lo que le ocurre a cada una de estas personas. Él tiene que decirte lo que es conveniente o necesario para cada una.

   A. *Nacho está muy sucio.*
   B. *Es necesario que se dé un buen baño.*

   Nacho

   Pepe

   Rafaela

   Yolanda

   Sebastián

   Gema

   Francisco

   Federico

2. Tu compañero te va a decir lo que les pasa a algunas personas. Tienes que decir lo que es conveniente o necesario para cada una.

   B. *Rosa está embarazada.*
   A. *Es necesario que cuide su alimentación.*

6. Es conveniente...

B

1. Tu compañero te va a decir lo que les pasa a algunas personas. Tienes que decir lo que es conveniente o necesario para cada una.

    A. *Nacho está muy sucio.*
    B. *Es necesario que se dé un buen baño.*

2. Describe a tu compañero lo que le ocurre a cada una de estas personas. Él tiene que decirte lo que es conveniente o necesario para cada una.

    B. *Rosa está embarazada.*
    A. *Es necesario que cuide su alimentación.*

Rosa  — Eugenio

Sandra  — Javier  — Paloma

Sara  — Hugo  — Jaime

7. Cosas que hacer

A

1. Pregunta a tu compañero cuándo va a hacer las siguientes cosas.

   – Salir del trabajo.
   – Hacer la compra.
   – Tender la ropa.
   – Recoger el coche.
   – Quedar con Luis para ir al cine.
   – Poner la tele.
   – Irte a dormir.

   A. *¿Cuándo vas a salir del trabajo?*
   B. *Cuando termine el informe.*

2. Tu compañero quiere saber cuándo vas a hacer algunas cosas. Responde con el elemento adecuado de la lista.

   > Encontrar su número de teléfono – Llegar las rebajas – Aprender a cocinar – Vender mi piso
   > Tener tiempo de ir a una autoescuela – Encontrar al hombre / a la mujer de mi vida – Tener vacaciones

   B. *¿Cuándo vas a llamar a Laura?*
   A. *Cuando encuentre su número de teléfono.*

B

1. Tu compañero quiere saber cuándo vas a hacer algunas cosas. Responde con el elemento adecuado de esta lista.

   > Llamarme del taller – Sacar dinero del cajero – Empezar el partido – Dejar de llover
   > Terminar el informe – Mirar la cartelera – Estar cansado

   A. *¿Cuándo vas a salir del trabajo?*
   B. *Cuando termine el informe.*

2. Pregunta a tu compañero cuándo va a hacer las siguientes cosas.

   – Hacer tu próximo viaje.
   – Cambiarte de casa.
   – Comprarte ropa nueva.
   – Casarte.
   – Sacarte el carné de conducir.
   – Invitarme a comer a tu casa.
   – Llamar a Laura.

   B. *¿Cuándo vas a llamar a Laura?*
   A. *Cuando encuentre su número de teléfono.*

8. Salir

A

1. Hay muchas cosas que se pueden hacer este fin de semana. Mira las distintas propuestas de espectáculos y llama por teléfono a tu compañero para quedar, teniendo en cuenta estas cosas.

   – A ti te aburre el circo.
   – Te apetece mucho ver una obra de teatro divertida.
   – No te gusta la ópera.
   – Tienes todo el sábado libre. El domingo por la tarde estás ocupado hasta las 21:00.
   – Yolanda te parece una persona muy aburrida y prefieres no quedar con ella, pero no quieres parecerle maleducado a tu compañero.

VUELVE EL CIRCO DEL SOL
El Circo del Sol regresa a España para ofrecernos un recopilatorio de sus mejores números. Su carpa permanecerá en Málaga hasta el día 29 de este mes.
Horarios: de L a J a las 20:30, V a las 22:00, S a las 18:00 y las 22:00, y D a las 16:30 y a las 20:30.
Información y venta de localidades: *www.cirquedusoleil.com*

LA GRAN FINAL
Esta original comedia trata de las dificultades que tendrán que vencer una familia de nómadas mongoles, una caravana de camelleros tuareg en el Sáhara y un grupo de indios amazónicos para ver en la televisión la final de la Copa del Mundo de fútbol Japón-Corea 2002 entre Alemania y Brasil. **Salas:** Albéniz Multicines, miércoles y domingos, 19:00 y 22:00.

EL BARBERO DE SEVILLA
La Romanian State Opera presenta el próximo 24 de marzo la genial obra de Rossini, *El barbero de Sevilla,* dirigida por el maestro valenciano Alfonso Saura, en el Palacio de Congresos y Exposiciones de Málaga. Sábados a las 19:00.

HAMLET
Lluís Pasqual lleva al escenario del Teatro Cervantes una de las más famosas tragedias de Shakespeare, que trata de la venganza del príncipe Hamlet sobre su tío Claudio, asesino de su padre. Sábado a las 21:00.

LA EXTRAÑA PAREJA
Pedro Osinaga y Joaquín Kremel interpretan a dos amigos divorciados que deciden compartir piso y huir juntos de la soledad. Su convivencia dará lugar a un sinfín de situaciones tan inesperadas como divertidas, en una comedia que hace del humor cotidiano algo diferente. Teatro Cánovas, viernes y sábados a las 8:30 y a las 20:30. **Venta de entradas:** en taquilla y en *www.entradas.com*. **Precio:** de 18 a 25 euros.

8. Salir

B

1. Hay muchas cosas que se pueden hacer este fin de semana. Tu compañero te va a llamar por teléfono haciéndote alguna propuesta. Mira las distintas sugerencias de espectáculos y queda con él, teniendo en cuenta estas cosas.

    – Ya has visto la obra de teatro *La extraña pareja*.
    – Te apetece ir al circo.
    – Te gustaría ver una ópera.
    – Ya has quedado el sábado. Te viene bien quedar el domingo por la tarde.
    – Tu amiga Yolanda está un poco sola y le sugieres a tu compañero invitarla a ir también.

VUELVE EL CIRCO DEL SOL
El Circo del Sol regresa a España para ofrecernos un recopilatorio de sus mejores números. Su carpa permanecerá en Málaga hasta el día 29 de este mes.
Horarios: de L a J a las 20:30, V a las 22:00, S a las 18:00 y las 22:00, y D a las 16:30 y a las 20:30.
Información y venta de localidades: *www.cirquedusoleil.com*

LA GRAN FINAL
Esta original comedia trata de las dificultades que tendrán que vencer una familia de nómadas mongoles, una caravana de camelleros tuareg en el Sáhara y un grupo de indios amazónicos para ver en la televisión la final de la Copa del Mundo de fútbol Japón-Corea 2002 entre Alemania y Brasil. **Salas:** Albéniz Multicines, miércoles y domingos, 19:00 y 22:00.

EL BARBERO DE SEVILLA
La Romanian State Opera presenta el próximo 24 de marzo la genial obra de Rossini, *El barbero de Sevilla*, dirigida por el maestro valenciano Alfonso Saura, en el Palacio de Congresos y Exposiciones de Málaga. Sábados a las 19:00.

HAMLET
Lluís Pasqual lleva al escenario del Teatro Cervantes una de las más famosas tragedias de Shakespeare, que trata de la venganza del príncipe Hamlet sobre su tío Claudio, asesino de su padre. Sábado a las 21:00.

LA EXTRAÑA PAREJA
Pedro Osinaga y Joaquín Kremel interpretan a dos amigos divorciados que deciden compartir piso y huir juntos de la soledad. Su convivencia dará lugar a un sinfín de situaciones tan inesperadas como divertidas, en una comedia que hace del humor cotidiano algo diferente. Teatro Cánovas, viernes y sábados a las 8:30 y a las 20:30. **Venta de entradas:** en taquilla y en *www.entradas.com*. **Precio:** de 18 a 25 euros.

9. ¡Tenemos que cambiar!

A

1. Estás descontento con tu compañero de piso. Observa el dibujo y dile amablemente las cosas que te gustaría que cambiaran.

   A. *Me gustaría que fueras más limpio.*
   B. *Pues a mí me gustaría que tú fueras más ordenado.*

B

1. Estás descontento con tu compañero de piso. Observa el dibujo y dile amablemente las cosas que te gustaría que cambiaran.

   A. *Me gustaría que fueras más limpio.*
   B. *Pues a mí me gustaría que tú fueras más ordenado.*

10. ¡No llores, bebé!

A

1. Observa el dibujo e intenta explicar con la ayuda de tu compañero lo que le pasa al bebé, construyendo frases con *a lo mejor, quizás, seguramente* y *probablemente*. Atención: tu dibujo y el de tu compañero son un poco diferentes.

   A. *Seguramente* necesita que le cambien el pañal.
   B. *A lo mejor*…

B

1. Observa el dibujo e intenta explicar con la ayuda de tu compañero lo que le pasa al bebé, construyendo frases con *a lo mejor, quizás, seguramente* y *probablemente*. Atención: tu dibujo y el de tu compañero son un poco diferentes.

   A. *Seguramente* necesita que le cambien el pañal.
   B. *A lo mejor*…

11. ¡Vivan las rebajas!

1. Has comprado todas estas cosas en las rebajas. Mira la ilustración y responde a las preguntas de tu compañero utilizando las expresiones del recuadro (sobran dos).

B. ¿Has comprado algún par de calcetines?
A. Sí, **un par**.
B. ¿Y algún cinturón?
A. No, no he comprado **ninguno**.

> un par – …pares – demasiados – algunas
> ninguna – una – uno – ninguno – demasiado

2. Tu compañero ha estado comprando en las rebajas. Pregúntale qué cosas ha comprado y rellena el cuadro.

A. ¿Has comprado algún par de medias?
B. Sí, **tres pares**.
A. ¿Y alguna camiseta?
B. No, no he comprado **ninguna**.

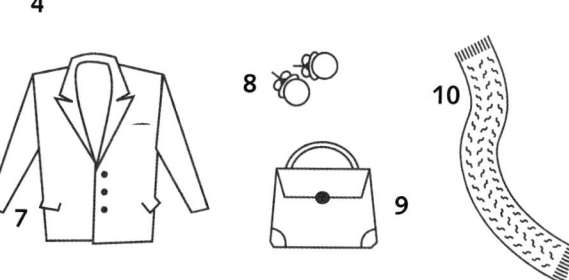

1	Tres pares
2	Una
3	
4	
5	
6	
7	
8	
9	
10	

11. ¡Vivan las rebajas!

B

1. Tu compañero ha estado comprando en las rebajas. Pregúntale qué cosas ha comprado y rellena el cuadro.

    B. ¿Has comprado algún par de calcetines?
    A. Sí, **un par**.
    B. ¿Y algún cinturón?
    A. No, no he comprado **ninguno**.

1	Un par
2	Ninguno
3	
4	
5	
6	
7	
8	
9	
10	

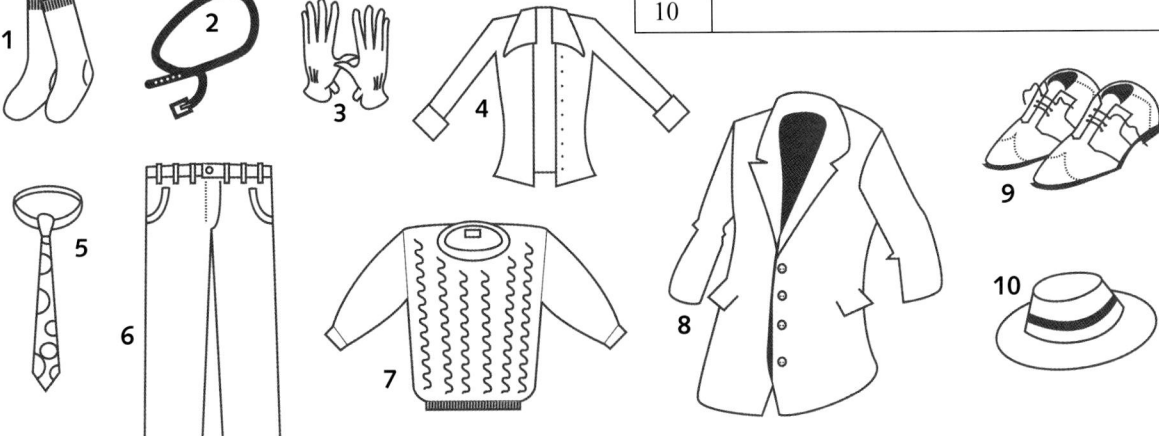

2. Has comprado todas estas cosas en las rebajas. Mira la ilustración y responde a las preguntas de tu compañero utilizando las expresiones del recuadro (sobran dos).

    A. ¿Has comprado algún par de medias?
    B. Sí, **tres pares**.
    A. ¿Y alguna camiseta?
    B. No, no he comprado **ninguna**.

    un par – …pares – muchos – algunos
    ninguna – una – uno – ninguno
    muchas

12. Entre amigos

A

1. Estás en casa de tu compañero. Pídele permiso para…

   – … fumar.
   – … usar el ordenador.
   – … cerrar la ventana, porque hace frío.
   – … poner la tele y ver las noticias.
   – … tomar otro trozo de tarta.

2. Tu compañero te va a pedir algunos favores. Puedes hacérselos o no, teniendo en cuenta que:

   – Sólo llevas 10 euros en la cartera.
   – Vas a salir y sabes que pasarás al lado de un buzón.
   – Siempre prestas tus libros a quien los necesita.
   – Hoy no has entendido nada en clase de español.
   – Tienes un problema en la espalda y no puedes coger peso.

B

1. Tu compañero te va a pedir permiso para hacer algunas cosas. Puedes dárselo o no, teniendo en cuenta que:

   – No soportas el tabaco.
   – Tienes un poco de frío.
   – Tu hermano está ahora mismo usando el ordenador.
   – Quieres ver tu programa de cocina favorito.
   – Te encanta que la gente pruebe tus postres.

2. Pide algunos favores a tu compañero:

   – Necesitas 20 euros.
   – Tienes que echar una carta al buzón, pero no tienes tiempo.
   – Te hace falta un libro y ves que tu compañero lo tiene en la mochila.
   – Hay algo de la clase de español de hoy que no has entendido y necesitas que te lo expliquen.
   – Quieres mover un mueble y colocarlo en otro sitio, pero pesa mucho y no puedes hacerlo solo.

EXAMEN UNIDADES 1-2

1. Completa con la palabra adecuada.

1. Óscar se levanta siempre muy _____, a las seis; le gusta acostarse pronto y madrugar.
2. Mis nuevos vecinos no me _____ bien. Me parecen bastante antipáticos.
3. Quería un billete de _____ y _____ para Alcobendas.
4. ¡Odio ir en coche! Hoy he llegado tarde porque he estado media hora parada en un _____ tremendo.
5. El autobús estaba demasiado lleno y tenía mucha prisa, así que cogí un _____.
6. El metro se retrasó un poco y el _____ estaba lleno de gente esperándolo.
7. Para ir a plaza de Castilla tengo que _____ transbordo en avenida de América.

2. Completa con las preposiciones correctas.

El aula de Manuela se encontraba (1)_____ fondo del pasillo, (2)___ unos 10 metros (3)____ laboratorio. Aquel día estaba completamente llena, (4)_____ la primera fila de mesas (5)_____ la última. (6)_____ una esquina había una estufa que se encendía sólo (7)_____ la mañana (8)_____ calentar la sala durante las horas más frías del invierno. (9)_____ llegar a la otra parte del edificio había que pasar (10)_____ el jardín, en el que había un pequeño estanque con peces de colores.

3. Escribe la pregunta.

1. _____
   Desde que murió mi madre.
2. _____
   Sólo un año, pero ya habla español casi perfectamente.
3. _____
   Desde niño.
4. _____
   En 1977.
5. _____
   Media hora en el tren de cercanías.

4. Escribe frases usando indefinido y pluscuamperfecto.

1. 2.º Pedro hablar con él / 1.º Gonzalo mandar la carta.
2. 1.º Empezar el examen / 2.º Carlos entrar en clase.
3. 1.º Anochecer / 2.º (Nosotros) salir del teatro.
4. 1.º Colgar (ellos) / 2.º (Yo) coger el teléfono.
5. 2.º Joaquín terminar la carrera / 1.º Elena montar su propia empresa.
6. 1.º Ganar varios premios (ella) / 2.º (Ella) presentarse a aquel concurso.
7. 1.º (Yo) recoger toda la ropa del tendedero / 2.º Empezar a llover.
8. 2.º (Nosotros) traer el vino / 1.º (Ellos) abrir otra botella.
9. 2.º (Vosotros) llegar / 1.º (Yo) poner la mesa.
10. 2.º (Yo) conocerte / 1.º (Tú) divorciarte.

5. Completa con el verbo en el tiempo adecuado del pasado.

Mi tío Lucas conoce gente de todas partes porque (1)_____ (viajar) por todo el mundo. Hace dos años, (2)_____ (hacer) un recorrido por los fiordos y un día (3)_____ (traer) unas fotos preciosas de su viaje. Antes

(4)_____ (venir) a visitarnos bastante a menudo y siempre (5)_____ (contarnos) sus aventuras, pero ahora ya no lo vemos tanto.

Mi curso de español (6)_____ (terminar) hoy. La verdad es que (7)_____ (aprender, yo) mucho. Durante estos cuatro meses (8)_____ (hablar, nosotros) de muchos temas, (9)_____ (escuchar) canciones y, la semana pasada, hasta (10)_____ (ir, nosotros) a ver una película cubana en versión original.

6. Escribe diez frases sobre tus planes para el año que viene.

1._____
2._____
3._____
4._____
5._____
6._____
7._____
8._____
9._____
10._____

7. Completa con el pronombre adecuado.

1. A mi mujer y a mí _____ preocupa la salud de nuestro hijo.
2. ¡Qué bien _____ queda ese pañuelo, Juana! Estás elegantísima.
3. Cuando me voy de la oficina, Víctor siempre _____ queda trabajando.
4. Mi marido _____ ríe mucho cuando ve esa serie de televisión.
5. Federico y Marta _____ enfadaron por una tontería y ya no salen juntos.
6. A David _____ divierte la manera de andar de los pingüinos.
7. A mis hijos no _____ interesan mucho las carreras de coches.
8. ¿Qué _____ gusta más a vosotros, el pescado o la carne?
9. Mi hijo y el tuyo _____ llevan muy bien porque tienen gustos muy parecidos.
10. ¿Qué _____ pasa hoy? Estás muy callado.

8. Ordena estas palabras para escribir frases.

1. Quería / billete / un / San Sebastián / para / el / las / para / tren / de / 15:00.
2. Tiene / estar / que / hora / embarque / media / en / sala / la / de / salida / de / la / antes.
3. ¿A / hora / embarcar? / qué / tengo / dicho / que / ha / que.
4. hay / ninguna / No / metro / de / cerca / estación / casa / mi / de.
5. en / Primero / autobús / el / tren / voy / cojo / la / estación / hasta / luego / y.

9. Escribe las mayúsculas donde corresponde.

1. el otro día quedé con carmen para ir al teatro. queríamos ver el musical *cats*, que estrenaban por primera vez en madrid.

2. el rey ha suspendido el viaje que iba a hacer este jueves a turquía a causa del terremoto, en el que han muerto más de trescientas personas, entre ellas el famoso cantante español tomás sánchez.

10. Estás haciendo un intercambio de casa. Escribe una carta a un amigo contándole dónde estás y qué tal te va; describe la casa y el lugar, y el tipo de actividades que se pueden hacer allí.

_____
_____
_____
_____
_____
_____
_____
_____
_____
_____

EXAMEN UNIDADES 3-4

1. Completa cada frase con la palabra correcta.

1. El hermano de mi marido es mi _____.
2. El segundo marido de mi madre es mi _____.
3. No tiene hermanos, es hijo _____.
4. Somos tres: Vanesa es la mayor, Dina es la menor y yo soy la _____.
5. Mis hijos son muy _____ conmigo: siempre están dándome besos.
6. Miguel siempre cumple sus obligaciones: es muy _____.
7. Tiene muchas ideas originales: es una persona _____.
8. Mi abuela es demasiado _____: siempre está dando órdenes y diciéndonos lo que tenemos que hacer.

2. Completa estas descripciones físicas.

MANOLO   JUAN

1. Manolo es c_____, con g_____ y p_____. Está muy d_____.

2. Juan es m_____, tiene b_____ y el pelo c_____, y lleva un traje muy e_____.

3. Subraya la forma correcta.

1. Necesito una persona que *tiene / tenga* experiencia cuidando niños.
2. ¿Hay alguien aquí que *sabe / sepa* dar los primeros auxilios?
3. Conozco un sitio en el que *preparan / preparen* muy bien la caldereta.
4. Me han presentado a un chico que *toca / toque* el saxofón.
5. No hay nadie que me *entiende / entienda* tan bien como tú.
6. No nos alojaremos en ningún hotel que *tiene / tenga* menos de cuatro estrellas.
7. Pablo es un hombre que *piensa / piense* bien las cosas antes de hacerlas.
8. Han visto un piso que les *interesa / interese* por esta zona.

4. Escribe estos verbos en condicional.

1. Venir, yo: _____
2. Ser, tú: _____
3. Ver, vosotros: _____
4. Poner, tú: _____
5. Ir, nosotros: _____
6. Salir, ellos: _____
7. Encontrar, usted: _____
8. Dormir, yo: _____

5. Completa con el verbo en la forma adecuada.

1. Ayer Paula y yo _____ (enfadarse) con nuestra hija porque había manchado unos papeles muy importantes.
2. Lo siento, Rita: la semana pasada _____ (olvidarse) de felicitarte por tu cumpleaños.
3. Cuando éramos pequeños, mis primos y yo _____ (disfrutar) mucho los domingos en el parque.
4. Teresa quería ser actriz: de niña, a menudo _____ (imaginarse) a sí misma en un teatro, rodeada de gente que la aplaudía.
5. Siempre estás muy serio. Creo que _____ (preocuparse) demasiado por las cosas del trabajo.

6. Completa las frases.

1. Tengo muy mala memoria: nunca me _____ de dónde dejo las cosas.
2. _____ que tienes que _____ es prestar más atención.
3. Benito siempre está gastándome bromas, y no se _____ cuenta _____ que me molestan.
4. – Paco no se encuentra bien últimamente: le duele mucho la cabeza y le cuesta respirar.
   – Yo en ____ _____ consultaría a un médico.
5. – Siempre que hablo en clase de español, cometo muchos errores.
   – No te preocupes: _____ no es nada malo y es necesario para aprender.

7. Reescribe la frase usando una perífrasis.

1. Ahora mismo he salido de trabajar.
   _____
2. ¿Todavía haces yoga?
   _____
3. De joven estudiaba francés, y ahora lo estudio de nuevo.
   _____
4. Fernando ya no viene a clase.
   _____
5. Justo ahora han telefoneado a sus padres.
   _____
6. Laura dormía cuando llegué.
   _____
7. Miguel tiene un examen, por eso ha estudiado sin parar toda la semana.
   _____
8. César e Irene empezaron a salir hace ya tres años y todavía están juntos.
   _____
9. Te esperé hasta las 18:45.
   _____
10. Cuando me vio entrar por la puerta, lloró.
    _____

8. Forma el contrario de estos adjetivos.

1. Agradable: _____
2. Necesario: _____
3. Paciente: _____
4. Sociable: _____
5. Legal: _____
6. Cansado: _____
7. Preocupado: _____
8. Respetuoso: _____
9. Honesto: _____
10. Cómodo: _____

9. Escribe la tilde en los monosílabos si es necesario.

1. Dale el libro a el.
2. ¡Que tengas un buen viaje!
3. Mi amiga me preparó un te.
4. Di a Marta que si me gustó el regalo.
5. ¿Te cuento lo que se?
6. Si vuelves pronto, me verás.
7. ¡Que alegría me da verte!
8. Graciela fue a visitar a Dani al hospital.

10. Eres profesor de idiomas. Un alumno te ha escrito un e-mail contándote que tiene problemas para memorizar el vocabulario, para hablar con fluidez y para entender lo que le dicen en otro idioma. Escríbele tú otro e-mail dándole algunos consejos.

_____
_____
_____
_____
_____
_____
_____
_____
_____
_____
_____
_____
_____
_____
_____
_____
_____

EXAMEN UNIDADES 5-6

1. Completa con una palabra adecuada.

1. La _____ es mi pescado favorito.
2. Para desayunar tomo siempre dos lácteos: un vaso de _____ y un _____ natural sin azúcar.
3. La _____ es una verdura muy sana, pero deja un olor horrible en la cocina.
4. Las legumbres que más me gustan son las _____ y los _____.
5. Mi hermano no come ni carne ni pescado porque es _____.
6. La _____ es una terapia _____ que utiliza los colores para tratar enfermedades.
7. Si tienes _____, no debes tomar café ni hacer ejercicio poco antes de irte a dormir.

2. Completa con *para* o *para que*.

1. Todos los días tomo un complejo vitamínico _____ estar más fuerte.
2. La tía Ángela te ha traído este chorizo de su pueblo _____ lo pruebes.
3. Braulio va a la autoescuela a diario _____ sacarse cuanto antes el carné de conducir.
4. Bea, tienes que llamar a tu madre _____ quedar con ella.
5. Hemos puesto la tele _____ ver el partido.
6. Habla más alto _____ la abuela pueda oírte.
7. Voy a abrir la ventana _____ entre un poco de aire fresco.
8. ¿Le habéis puesto crema protectora al niño _____ no se queme con el sol?
9. Han insonorizado el local _____ no molestar a los vecinos.
10. El Ayuntamiento ha puesto distintos contenedores _____ la gente separe las basuras.

3. Escribe estos consejos en imperativo negativo.

1. Duerma la siesta.
   _____.
2. ¡Bebed agua fría!
   _____.
3. Levántate tarde.
   _____.
4. Alquila ese piso.
   _____.
5. Telefoneadme antes de las nueve.
   _____.
6. Apaguen la luz.
   _____.
7. Llevaos este paquete.
   _____.
8. Hagan ejercicio.
   _____.

4. Completa con *g, j* o *gu*.

1. Las ___irafas comen ho___as de los árboles.
2. Cada vez más ___ente participa en campañas ecolo___istas.
3. El profesor corri___ió los exámenes ense___ida.
4. Compra beren___enas y una lata de ___isantes.
5. Prefiero comprar ropa hecha con te___idos naturales.
6. La ___erra de Ruanda casi terminó con el hábitat de los gorilas de montaña.

5. Completa con el pronombre adecuado.

1. A mi madre ___ preocupa nuestro futuro.
2. A mí ___ fastidian mucho las personas ruidosas.
3. Carlos, ¿___ importa que cenemos una pizza de encargo?
4. A papá ___ parece muy bien que te hagas socio de Greenpeace.
5. A Juan y a mí ___ molesta encontrar desperdicios en el bosque.
6. Dani ___ enfada siempre por tonterías.

7. A Rosa no ___ gustan los documentales de naturaleza.

8. Carlos y Santiago ___ llevan muy bien porque tienen un carácter parecido y comparten muchas aficiones.

6. Relaciona. Hay más de una posibilidad.

1. Es necesario que… ☐
2. Es conveniente… ☐
3. No hace falta que… ☐
4. Hay que… ☐
5. No hay que… ☐
6. Es muy importante… ☐

a. …todos reciclemos.
b. …cerrar bien el grifo.
c. …reducir el consumo de agua.
d. …compres el pan, ya voy yo.
e. …enseñar a los niños a respetar el medio ambiente.
f. …encender fuego en zonas del campo donde no está autorizado.

7. Completa con *qu, z o c*.

1. En esta ___ona está prohibida la ca___a.
2. Hago ejer___i___io para adelga___ar.
3. Los o___éanos están en peligro.
4. Esta ___iudad ne___esita más par___es.
5. Esa organi___a___ión lucha por los derechos de los animales.

8. Completa con comparativos y superlativos.

1. Este año el campo está _____ verde _____ el último verano porque ha llovido bastante.
2. Gracias a las campañas de concienciación, este año ha habido _____ incendios forestales en nuestro país _____ el año pasado.
3. El albatros es el ave _____ que existe actualmente: mide unos tres metros y medio con las alas extendidas.
4. El grado de contaminación acústica en España es uno de los _____ del mundo.
5. Este año ha llovido _____ poco _____ el río está seco.

9. Completa las frases con la palabra correcta.

1. El Gran _____ del Colorado es uno de los paisajes más increíbles que he visto.
2. – ¿Has estado en las _____ Canarias?
   – No, pero he estado en las Baleares.
3. Asia es el _____ más poblado.
4. En el _____ del Sáhara las temperaturas son muy extremas.
5. La _____ del Amazonas es el pulmón del planeta.

10. Escribe una carta al director quejándote por algún problema de la ciudad en la que vives que te preocupe.

_____
_____
_____
_____
_____
_____
_____
_____
_____
_____
_____
_____
_____
_____
_____

EXAMEN UNIDADES 7-8

1. Completa estas ofertas de empleo del periódico.

Empresa líder en telecomunicaciones
(1) _____ ingeniero. Se exige:
(2) _____ mínima demostrable de 2 años.
Capacidad de trabajo en (3) _____.
(4) _____ para viajar.
(5) _____ enviar CV a holmans@gmail.com

Empresa de mensajería ofrece puesto de repartidor.
(6) _____ flexible
Buen (7) _____.
(8) _____ indefinido.
Enviar (9) _____ para (10) _____.
faster@wallabee.com

2. Subraya el verbo adecuado.

1. Cuando *iremos / vayamos* otra vez a Málaga, os visitaremos.
2. Paco, luego cuando te *marches / marchas* cierra la puerta con llave, por favor.
3. Cuando *te tranquilizas / te tranquilices*, hablaremos.
4. Te llamaré cuando *salgo / salga* del trabajo, ¿de acuerdo?
5. Cuando *puedes / puedas* lee este informe, Luis.
6. Todavía no sé nada, pero cuando *sepa / sé* algo te lo cuento enseguida.
7. – ¿Cuándo *te marcharás / te marches*?
   – Cuando *termina / termine* el curso de español.

3. ¿Qué harías en estas situaciones?

1. Te ofrecen trabajar desde tu propia casa.
   Si me ofrecieran trabajar desde mi propia casa, aceptaría encantado.
2. Eres famoso/a.
   _____
3. Puedes viajar a cualquier lugar.
   _____
4. Quieres aprender a hablar un idioma perfectamente.
   _____
5. Tienes todo el tiempo del mundo.
   _____
6. Tu familia y tú estáis de vacaciones.
   _____
7. Hablas la lengua de los animales.
   _____
8. Tus compañeros de trabajo te preparan una fiesta sorpresa.
   _____

4. Completa el crucigrama.

(crucigrama con palabra vertical MEDALLA)

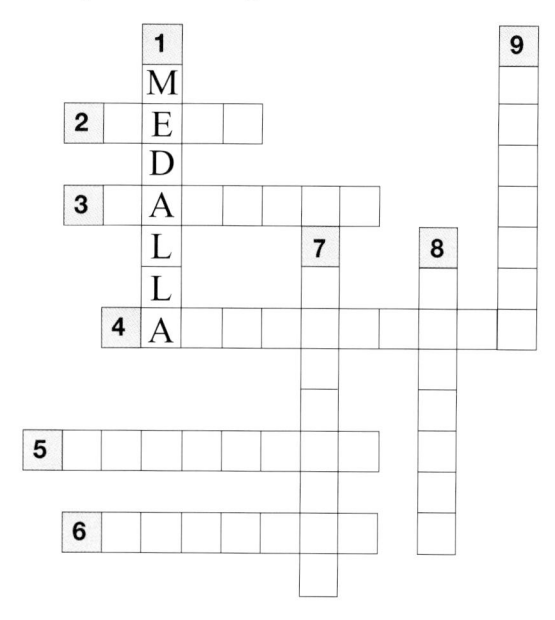

1. Puede ser de oro, plata o bronce y se gana en los Juegos Olímpicos.
2. El lugar donde termina una carrera.
3. Ganador absoluto.
4. El que sigue un deporte.
5. Lo que hace un deportista para estar preparado y en forma.
6. Lugar donde se pueden ver competiciones deportivas, especialmente fútbol.
7. Lugar donde va la gente a hacer ejercicio.
8. Con ella se juega al tenis.
9. Es una persona que se ocupa de que los futbolistas respeten las reglas.

5. Completa la conversación entre dos personas que están quedando para salir.

A. ¿(1)_____?
B. No sé... ¿Y si vamos a dar un paseo?
A. ¿(2)_____?
B. Ah, vale, (3)_____.
A. ¿(4)_____?
B. Yo antes de las siete no puedo.
A. Pues mira, si quieres quedamos a las 19:30.
B. Sí, a las 19:30 está bien.
   ¿(5)_____?
A. En la esquina de tu calle, ¿no?
B. Perfecto, pues (6)_____ allí.

6. Estas son algunas de las declaraciones de la actriz Blanca Washington en su última entrevista. Explica lo que dijo.

> "Ya había estado antes en este país. Nunca olvidaré la primera vez que lo visité. Me encantan España y los españoles".
> "Decidí ser actriz cuando tenía solo 5 años".
> "He trabajado con muchos actores, pero ninguno me parece tan profesional como Armando Ronzal".
> "Mi próxima película será un film de acción".

La famosa actriz dijo que...
_____
_____
_____
_____

7. Alguien te hizo todas estas preguntas. Escríbelas en estilo indirecto.

1. ¿Por qué has cogido mi paraguas?
   _____
2. ¿Tienes un pañuelo?
   _____
3. ¿Te gusta ir al circo?
   _____
4. ¿Qué hacéis aquí solos?
   _____
5. ¿Dónde está la oficina de correos?
   _____
6. ¿Cuál de todos es mi bisabuelo?
   _____
7. ¿Os vais a quedar a comer?
   _____
8. ¿Qué le gustaría ser de mayor a tu hija?
   _____

8. ¿A qué se dedican estas personas?

1. Sonia es _____.
2. Tomás es _____.
3. Pedro es _____.
4. Ángel es _____.
5. Luis es _____.
6. Jaime es _____.
7. Carmen es _____.
8. Ana es _____ de un grupo de rock.

9. Completa estos refranes.

1. A _____ regalado no le mires el _____.
2. Cuando el _____ suena, _____ lleva.
3. En _____ cerrada no entran _____.
4. A quien _____, Dios le ayuda.
5. Más vale pájaro en mano que ciento _____.

EXAMEN UNIDADES 9-10

1. Completa esta noticia con las palabras del recuadro.

> pistola – oficina – empleados – ladrones
> clientes – fuga – botín – sucedieron
> atracan – amenazaron – hechos – mañana

Dos encapuchados (1)_____ una sucursal del Banco de Santander en Bilbao.

Los (2)_____ (3)_____ durante la (4)_____ del jueves, cuando dos hombres que ocultaban su identidad con una prenda sobre la cara entraron en la (5)_____ de la calle del Rosario y (6)_____ con una (7)_____ a (8)_____ y (9)_____. Una vez se hicieron con el (10)_____, los (11)_____ se dieron a la (12)_____.

2. Completa estos titulares con los verbos del recuadro en voz pasiva.

> clausurar – cortar – juzgar – rescatar
> encontrar – exponer – hospitalizar – detener

1. La semana que viene _____ los tres sospechosos del asalto al tren de mercancías.
2. Un mendigo _____ muerto esta madrugada en la calle Siena debido a las bajas temperaturas.
3. Esta tarde _____ las tres montañeras perdidas en los Pirineos.
4. La policía atrapa a Cristobita "El ganzúa". El famoso ladrón ya _____ en 1983 por desvalijar varias mansiones.
5. Ayer _____ la V Muestra de Cine de Villaviciosa.
6. Las joyas de la marquesa de Becerra _____ a partir de mañana en el Museo de la Ciudad.
7. Este año _____ más de 150 menores a causa del consumo de alcohol.
8. Cada año _____ miles de árboles en nuestros bosques.

3. Escribe estas frases en estilo indirecto.

1. "Bajen del coche, por favor".
   El policía les dijo que_____

2. "Subrayad los verbos en pretérito imperfecto".
   La profesora nos dijo que _____

3. "Dile a Paco que le estoy esperando en la cafetería".
   Paco, Lourdes me ha pedido que _____

4. "Ve a ese restaurante, es una maravilla".
   Pepe siempre me dice que _____

5. "Déjeme ayudarle, lleva usted mucho peso".
   El chico le dijo al Señor Valentín que _____

6. "Tomad un bombón, están riquísimos".
   Damián nos dijo que _____

7. "Levántate ya, son más de las 10".
   ¿Estás sordo? Mamá dice que _____

8. "Abrigaos bien, hace muchísimo frío".
   Nos dijo que _____

4. Subraya el verbo adecuado.

1. Me gustaría que *seas / fueras* más comprensivo.
2. Queremos *decorar / que decoremos* el salón de otra manera.
3. Teresa ha estudiado mucho y espera *aprobar / que apruebe* el examen.
4. Necesitáis *descansar / que descanséis* un poco.
5. Mi abuela quería que yo *me quedara / me quede* un poco más, pero tuve que marcharme.
6. Hoy quiero *acostarme / que me acueste* antes de las 22:00.
7. A Sandra le gustaría *poder / que pudiera* hacerlo ella misma, pero no tiene tiempo.
8. No queremos que nuestros hijos *crecen / crezcan* en un lugar como este.
9. ¿Necesitas que *te prestamos / te prestemos* algo de dinero?
10. Me gustaría *llevarme / que me llevara* mejor con mis vecinos.

5. Transmite estos recados.

a) Estás en casa y llaman por teléfono varias personas dejando un recado. Tú vas a salir, así que dejas a tu madre una nota sobre cada recado.

1. "Hola, soy Susana. Oye, que no me esperéis para cenar, que llegaré tarde, ¿vale?".
   _____

2. "Hola, hija. Dile a mamá que hoy recojo yo a Adrián del colegio, que voy a salir un poco antes. Venga, hasta luego".
   _____

3. "Buenos días. Llamo de Reparaciones Trueba para comunicarles que ya pueden recoger su microondas". _____

b) Ayer escuchaste estos mensajes en el contestador. Hoy, durante la comida, se los cuentas a tu familia.

4. "Soy Eva. Este es un mensaje para Susana: por favor, tráeme los apuntes que te dejé, que los necesito para estudiar yo".
   _____

5. "Soy Juan Carlos. Que ha surgido un imprevisto, así que al final llego a Madrid mañana por la noche. Por favor, que venga alguien si puede a recogerme al aeropuerto. Hasta luego".
   _____

6. Completa estas frases con palabras sobre los servicios de un hotel.

1. Pasamos mucho calor en la habitación del hotel porque no funciona el _____ _____.
2. Tienen servicio de _____ gratuita, así que todas las mañanas leo el periódico mientras desayuno en la cafetería.
3. Estas camisas están sucias, voy a pedir que las lleven a la _____.
4. ¿_____ ____ _____? Llamo de la 201. ¿Sería posible que nos trajeran la cena?
5. No había sitio en la calle, así que dejamos el coche en el _____ del hotel.

7. Completa con el verbo en la forma adecuada.

1. A lo mejor _____ (hacer, nosotros) un viaje por Europa en otoño.
2. Probablemente Luis _____ (no venir) a nuestra boda.
3. Mi marido está enfermo, así que seguramente _____ (nosotros, tener) que anular la cita.
4. Pasáis demasiado tiempo viendo la televisión. A lo mejor _____ (vosotros, necesitar) buscar otras diversiones.
5. Quizás _____ (no ser) una buena idea comprar una mascota ahora: no tenemos tiempo de cuidarla adecuadamente.
6. Seguramente _____ (haber) alguna habitación libre en este hotel.
7. Hace mucho que no veo a Charo y Carlos. Probablemente _____ (estar) ocupados con los preparativos de la boda.

8. Completar los diálogos.

1. (EN EL ALBERGUE)
   – ¿(1)_____ ponerme otra toalla de baño? Esta está un poco sucia.
   – Sí, (2)_____ _____ te la cambiamos.
2. (EN EL RESTAURANTE DEL HOTEL)
   – Camarero, ¿(3)_____ _____ _____ de pasarme un poco más el filete? Es que me gusta muy hecho.
   – (4)_____ _____, señor.
3. (EN EL HOTEL)
   – Perdone, ¿(5)____ _____ cambiarnos de habitación? Desde aquí se oye demasiado ruido.
   – (6)___ _____, pero de momento no tenemos habitaciones libres.

9. Completa con la palabra adecuada.

1. Coge el paraguas, está _____ mucho.
2. Date crema protectora, que estamos en julio y a estas horas te puedes quemar con el _____.
3. No cojas el coche: hay una _____ muy espesa y no se ve bien, así que es peligroso.
4. Soplaba un _____ tan fuerte que caían las ramas de los árboles.
5. Esta noche no se ven las estrellas porque el cielo está _____.

10. Te has ido de vacaciones, pero las cosas no están saliendo como querías. Escribe una postal a un amigo contándole tus problemas.

_____
_____
_____
_____
_____

EXAMEN UNIDADES 11-12

1. Completa los diálogos.

(EN UNA TIENDA DE DECORACIÓN)
A. Mira, Vanesa, qué joyero tan bonito. Y sólo (1)_____ 20 euros.
B. Es lo bueno de comprar en época de (2)_____: que todo está mucho más (3)_____.

(EN UNA TIENDA DE ROPA)
A. Perdone, ¿dónde están los (4)_____? Es que quiero ver si me (5)_____ bien este vestido.
B. Sí, mire, allí a la izquierda los tiene.

(EN UNA TIENDA DE ROPA)
A. ¿Qué tal?
B. Pues el jersey bien, pero los pantalones son un poco estrechos. Creo que necesito una (6)_____ más.

(EN UNA TIENDA DE DECORACIÓN)
A. Y este marco de fotos, ¿qué precio tiene?
B: Treinta euros.
A. ¡Uy, me parece demasiado (7)_____!
B. Tenga en cuenta que es artesanal.
A. Bueno, venga, me lo (8)_____. ¿Me lo (9)_____ para (10)_____?
B. Claro.

2. Describe cómo van vestidas estas personas.

A. _____
_____
B. _____
_____
C. _____
_____

3. Escribe de nuevo el texto, cambiando las palabras subrayadas por pronombres.

Mi hermano menor se llama Raúl. Quiero muchísimo <u>a Raúl</u>, pero es bastante travieso: ayer traje un juguete para él y hoy ya ha roto el <u>juguete</u>. Pero yo siempre arreglo <u>a Raúl</u> <u>los juguetes.</u>
Como a todos los niños, a mi hermano le encantan las golosinas y todos los días me pide <u>golosinas</u>. El otro día di una piruleta <u>a Raúl</u> y se comió <u>la piruleta</u> en menos de un minuto. Pero además de travieso y goloso, Raúl es un niño muy amable con todo el mundo: siempre que un compañero de clase pide <u>a Raúl</u> cualquier favor, él hace <u>el favor</u> <u>al compañero</u> enseguida.

_____
_____
_____
_____
_____
_____

4. Pronombres.

1. – ¡Qué pañuelo tan bonito!
   – ¿Te gusta? ___ ____ han regalado mis padres.
2. Manolo no va a venir: _____ llamé ayer y me dijo que no podía.
3. Me encantan estas botas. _____ _____ voy a comprar a mi mujer.
4. Ya he encontrado las llaves: _____ había puesto en el otro bolso.
5. Señora, ¿no ____ han dicho a usted que aquí está prohibido fumar?
6. Ramón y Blanca no tenían suficiente dinero para el regalo, así que ____ _____ presté yo.
7. Necesito esos papeles, tráe_____ en cuanto puedas (*dos pronombres*).
8. ¿_____ has pedido a la vecina una cebolla?

5. Completa cada frase con un indefinido del recuadro.

| demasiado – un poco de – poca |
| poco (x2) – un poco – bastantes – demasiados |
| muchas – mucho |

1. Esta sopa no se puede comer, está _____ salada.
2. Me gusta el filete _____ hecho.
3. Nos encantó la película, aunque el final es _____ triste.

109

4. Los eligieron para el equipo de atletismo porque corrían _____.
5. – ¿Compro más bebidas?
   – No, con estas ya tenemos _____ para la fiesta.
6. El niño se ha puesto malo porque ha comido _____ pasteles.
7. Si echas _____ leche a los huevos antes de batirlos, la tortilla queda más rica.
8. Jorge tiene monedas de _____ clases porque las colecciona desde hace años.
9. Tengo que cargar el móvil: me queda muy _____ batería.
10. Tenían _____ dinero, pero eran felices.

6. Completa con el pronombre *se* + verbo.

| oír – cenar – aprender – estar – robar |
| lavar – vender – hacer |

1. En mi casa _____ a las 21:00.
2. Ya no _____ tantos pisos como hace dos años.
3. En esta tienda _____ arreglos.
4. Sube un poco la tele, no _____ bien.
5. Cada año _____ miles de teléfonos móviles.
6. Hace calor, pero a la sombra _____ bien.
7. Antes de cocer la verdura, _____ bien.
8. _____ mucho viajando.

7. ¿Qué dices en estas situaciones?

1. Quieres probarte unos zapatos que están en el escaparate de la tienda.
2. No puedes recoger un paquete urgente que te han enviado y le pides el favor a un amigo.
3. Dos compañeros tuyos de trabajo van a coger el metro para volver a casa. Tú tienes coche y puedes llevarlos.
4. Vas en metro y a tu lado un chico va leyendo el periódico. Has visto una noticia que te interesa muchísimo y te gustaría poderla leer.
5. Estás en casa de unos conocidos y necesitas telefonear a alguien.
6. Una señora mayor está intentando coger una lata de atún en el supermercado, pero es muy bajita y no puede.
7. Ves a un chico invidente que quiere cruzar la calle.
8. Tienes que fregar los platos, pero no te encuentras bien y pides a tu compañero de piso que lo haga él.
9. Estás en el autobús y tienes mucho calor. El señor de al lado está junto a la ventanilla.
10. Has faltado al trabajo para ir al médico. Necesitas que el doctor te haga un justificante para tu empresa.

8. Cada frase tiene un error. Corrígelo.

1. ¿Me da unas cinco manzanas, por favor?
2. Mi marido trabaja lejo de casa.
3. Lo hemos pasado estúpidamente jugando al fútbol.
4. Que tengáis un bien viaje.
5. ¿Te duelen tus muelas?
6. Inés es chica del pelo largo que está en la primera fila.
7. Mi hermano Pedro es un taxista.
8. ¿Hay la limonada?
9. La policía acudió rápida al lugar del atraco.
10. Niños de hoy en día ven demasiado la televisión.
11. Me gustan macarrones.
12. Todos los alumnos hicieron el ejercicio 8 correcto.

9. Escribe correctamente estos mensajes de móvil.

1. A q hr qdamos?
2. T spero n ksa.
3. Toy nl bus.
3. Cndo yge t yam y ablmos.
4. Hl, q tl? Ns vms lgo y tmms 1 kfé?
5. L snto, xo no puedo. Bss.

Solucionario a los exámenes

Unidades 1-2

1. 1. temprano. 2. caen. 3. ida, vuelta. 4. atasco. 5. taxi. 6. andén. 7. hacer.
2. (1) al. (2) a. (3) del. (4) desde. (5) hasta. (6) En. (7) por. (8) para. (9) Para. (10) por.
3. Actividad semilibre. 1. ¿Desde cuándo vives solo? 2. ¿Cuánto tiempo hace que vive en España? 3. ¿Desde cuándo haces kárate? 4. ¿Cuándo naciste? 5. ¿Cuánto tardas en llegar al trabajo?
4. 1. Cuando Pedro habló con él, Gonzalo ya había mandado la carta. 2. Cuando Carlos entró en clase, ya había empezado el examen. 3. Cuando salimos del teatro, ya había anochecido. 4. Cuando cogí el teléfono, ya habían colgado. 5. Cuando Joaquín terminó la carrera, Elena ya había montado su propia empresa. 6. Cuando se presentó a aquel concurso, ya había ganado varios premios. 7. Cuando empezó a llover, ya había recogido toda la ropa del tendedero. 8. Cuando trajimos el vino, ya habían abierto otra botella. 9. Cuando llegasteis, ya había puesto la mesa. 10. Cuando te conocí, ya te habías divorciado.
5. (1) ha viajado. (2) hizo. (3) trajo. (4) venía. (5) nos contaba. (6) ha terminado. (7) he aprendido. (8) hemos hablado. (9) escuchado. (10) fuimos.
6. Actividad libre.
7. 1. nos. 2. te. 3. se. 4. se. 5. se. 6. le. 7. les. 8. os. 9. se. 10. te.
8. 1. Quería un billete para San Sebastián para el tren de las 15:00. 2. Tiene que estar en la sala de embarque media hora antes de la salida. 3. ¿A qué hora ha dicho que tengo que embarcar? 4. No hay ninguna estación de metro cerca de mi casa. 5. Primero voy en autobús hasta la estación y luego cojo el tren.
9. 1. El, Carmen, Queríamos, Cats, Madrid. 2. El Rey, Turquía, Tomás Sánchez.
10. Actividad libre.

Unidades 3-4

1. 1. cuñado. 2. padrastro. 3. único. 4. mediana. 5. cariñosos. 6. responsable. 7. creativa. 8. autoritaria.
2. 1. calvo, gafas, perilla, delgado. 2. moreno, barba, corto, elegante.
3. 1. tenga. 2. sepa. 3. preparan. 4. toca. 5. entienda. 6. tenga. 7. piensa. 8. interesa.
4. 1. vendría. 2. serías. 3. veríais. 4. pondrías. 5. iríamos. 6. saldrían. 7. encontraría. 8. dormiría.
5. 1. nos enfadamos. 2. me olvidé. 3. disfrutábamos. 4. se imaginaba. 5. te preocupas.
6. 1. acuerdo. 2. Lo, hacer. 3. da, de. 4. su lugar. 5. equivocarse.
7. 1. Acabo de salir de trabajar. 2. ¿Sigues haciendo yoga? 3. He vuelto a estudiar francés. 4. Fernando ha dejado de venir a clase. 5. Acaban de telefonear a sus padres. 6. Laura estaba durmiendo cuando llegué. 7. Miguel tiene un examen, por eso ha estado estudiando sin parar toda la semana. 8. César e Irene siguen saliendo juntos. 9. Te estuve esperando hasta las 18:45. 10. Cuando me vio entrar por la puerta, empezó a llorar.
8. 1. desagradable. 2. innecesario. 3. impaciente. 4. insociable. 5. ilegal. 6. descansado. 7. despreocupado. 8. irrespetuoso. 9. deshonesto. 10. incómodo.
9. 1. Dale el libro a él. 2. ¡Que tengas un buen viaje! 3. Mi amiga me preparó un té. 4. Di a Marta que sí me gustó el regalo. 5. ¿Te cuento lo que sé? 6. Si vuelves pronto, me verás. 7. ¡Qué alegría me da verte! 8. Graciela fue a visitar a Dani al hospital.
10. Actividad libre.

Unidades 5-6

1. 1. merluza. 2. leche, yogur. 3. coliflor. 4. lentejas/judías/alubias, garbanzos. 5. vegetariano. 6. cromoterapia, alternativa. 7. insomnio.
2. 1. para. 2. para que. 3. para. 4. para. 5. para. 6. para que. 7. para que. 8. para que. 9. para. 10. para que.
3. 1. No duerma la siesta. 2. ¡No bebáis agua fría! 3. No te levantes tarde. 4. No alquiles ese piso. 5. No me telefoneéis antes de las nueve. 6. No apaguen la luz. 7. No os llevéis este paquete. 8. No hagan ejercicio.
4. 1. jirafas, hojas. 2. gente, ecologistas. 3. corrigió, enseguida. 4. berenjenas, guisantes. 5. tejidos. 6. guerra.
5. 1. le. 2. me. 3. te. 4. le. 5. nos. 6. se. 7. le. 8. se.
6. 1. a. 2. b/c/e. 3. d. 4. b/c/e. 5. f. 6. b/c/e.
7. 1. zona, caza. 2. ejercicio, adelgazar. 3. océanos. 4. ciudad, necesita, parques. 5. organización.
8. 1. más, que. 2. menos, que. 3. mayor. 4. mayores. 5. tan, que.
9. 1. Cañón. 2. Islas. 3. continente. 4. desierto. 5. selva.
10. Actividad libre.

Unidades 7-8

1. (1) precisa. (2) experiencia. (3) equipo. (4) Disponibilidad. (5) Interesados. (6) Horario. (7) sueldo. (8) Contrato. (9) currículo. (10) entrevista.
2. 1. vayamos. 2. te marches. 3. te tranquilices. 4. salga. 5. puedas. 6. sepa. 7. te marcharás, termine.
3. Actividad semilibre. 1. Si me ofrecieran trabajar desde mi propia casa… 2. Si fuera famoso… 3. Si pudiera viajar a cualquier lugar… 4. Si quisiera aprender a hablar un idioma perfectamente… 5. Si tuviera todo el tiempo del mundo… 6. Si mi familia y yo estuviéramos de vacaciones… 7. Si hablaras la lengua de los animales… 8. Si mis compañeros de trabajo me prepararan una fiesta sorpresa…
4. 1. Medalla. 2. Meta. 3. Campeón. 4. Aficionado. 5. Entrenar. 6. Estadio. 7. Gimnasio. 8. Raqueta. 9. Árbitro.
5. (Propuesta para completar el diálogo). (1) ¿Qué podemos hacer esta tarde? (2) ¿Qué te parece si vemos una

película? (3) me parece buena idea. (4) ¿Cuándo quedamos? (5) ¿Dónde quedamos? (6) nos vemos.
6. La famosa actriz dijo que ya había estado antes en este país, que nunca olvidaría la primera vez que lo visitó y que le encantaban España y los españoles. También contó que había decidido ser actriz cuando tenía sólo 5 años, y que había trabajado con muchos actores, pero que ninguno le parecía tan profesional como Armando Ronzal. Además, aseguró que su próxima película sería un film de acción.
7. 1. Dijo que / Quería saber por qué había cogido su paraguas. 2. Preguntó si / Quería saber si tenía un pañuelo. 3. Preguntó si / Quería saber si me gustaba ir al circo. 4. Dijo que / Quería saber qué hacíamos aquí solos. 5. Dijo que / Quería saber dónde estaba la oficina de correos. 6. Dijo que / Quería saber cuál de todos era su bisabuelo. 7. Preguntó si / Quería saber si nos íbamos a quedar a comer. 8. Dijo que / Quería saber qué le gustaría ser de mayor a mi hija.
8. 1. jueza. 2. flautista. 3. director de orquesta. 4. bailarín. 5. peluquero. 6. fontanero. 7. reportera. 8. batería.
9. 1. caballo, diente. 2. río, agua. 3. boca, moscas. 4. madruga. 5. volando.
10. Actividad libre.

Unidades 9-10

1. (1) atracan. (2) hechos. (3) sucedieron. (4) mañana. (5) oficina. (6) amenazaron. (7) pistola. (8) clientes. (9) empleados. (10) botín. (11) ladrones. (12) fuga.
2. 1. serán juzgados. 2. ha sido encontrado. 3. han sido rescatadas. 4. había sido detenido. 5. fue clausurada. 6. serán expuestas. 7. han sido hospitalizados. 8. son cortados.
3. 1. bajaran del coche. 2. subrayáramos los verbos en pretérito imperfecto. 3. te diga que te está esperando en la cafetería. 4. vaya a ese restaurante, que es una maravilla. 5. le dejara ayudarle, que llevaba mucho peso. 6. tomáramos un bombón, que estaban riquísimos. 7. te levantes ya, que son más de las 10. 8. nos abrigáramos bien, que hacía muchísimo frío.
4. 1. fueras. 2. decorar. 3. aprobar. 4. descansar. 5. me quedara. 6. acostarme. 7. poder. 8. crezcan. 9. te prestemos. 10. llevarme.
5. a) 1. Ha llamado Susana y ha dicho que no la esperemos para cenar, que llegaría tarde. 2. Ha llamado papá. Ha dicho que hoy recoge él a Adrián del cole, que va a salir antes. 3. Han llamado de Reparaciones Trueba, que ya podemos recoger el microondas. b) 4. Susana, ayer llamó Eva y dijo que le llevaras los apuntes que te había dejado, que los necesitaba ella para estudiar. 5. Ayer llamó Juan Carlos y dijo que había surgido un imprevisto, así que llegaba a Madrid hoy por la noche. Y pidió que fuera alguien si podía a recogerle al aeropuerto.

6. (1) aire acondicionado. (2) prensa. (3) lavandería. (4) Servicio de habitaciones. (5) aparcamiento.
7. 1. hacemos. 2. no venga/vendrá. 3. tendremos. 4. necesitáis. 5. no sea. 6. habrá. 7. estén/estarán.
8. (1) Podrías. (2) ahora mismo. (3) sería tan amable. (4) Por supuesto. (5) le importaría. (6) Lo siento.
9. 1. lloviendo. 2. sol. 3. niebla. 4. viento. 5. nublado.
10. Actividad libre.

Unidades 11-12

1. 1. cuesta/vale. 2. rebajas. 3. barato. 4. probadores. 5. queda. 6. talla. 7. caro. 8. llevo. 9. envuelve. 10. regalo.
2. A. La mujer lleva blusa, corbata, chaqueta de traje, falda, zapatos de tacón y unos pendientes. B. El hombre lleva chándal y zapatillas de deporte. C. La señora lleva abrigo, bufanda, guantes y botas.
3. Mi hermano menor se llama Raúl. Le quiero muchísimo, pero es bastante travieso: ayer traje un juguete para él y hoy ya lo ha roto. Pero yo siempre se los arreglo. Como a todos los niños, a mi hermano le encantan las golosinas y todos los días me las pide. El otro día le di una piruleta y se la comió en menos de un minuto. Pero además de travieso y goloso, Raúl es un niño muy amable con todo el mundo: siempre que un compañero de clase le pide cualquier favor, él se lo hace enseguida.
4. 1. Me lo. 2. lo/le. 3. Se las. 4. las. 5. le. 6. se lo. 7. tráemelos. 8. Le.
5. 1. demasiado. 2. poco. 3. un poco. 4. mucho. 5. bastantes. 6. demasiados. 7. un poco de. 8. muchas. 9. poca. 10. poco.
6. 1. se cena. 2. se venden. 3. se hacen. 4. se oye. 5. se roban. 6. se está. 7. se lava. 8. Se aprende.
7. Actividad semilibre. 1. ¿Podría probarme esos zapatos? 2. ¿Te importa recoger un paquete? 3. ¿Queréis que os lleve? 4. ¿Podrías dejarme el periódico un momento? 5. ¿Os importa si uso vuestro teléfono? 6. ¿Quiere que la ayude? 7. ¿Te ayudo? 8. ¿Puedes fregar los platos? 9. Perdone, ¿podría abrir la ventanilla? 10. ¿Le importaría hacerme un justificante para el trabajo
8. 1. ¿Me da cinco manzanas, por favor? 2. Mi marido trabaja lejos de casa. 3. Lo hemos pasado estupendamente jugando al fútbol. 4. Que tengáis un buen viaje. 5. ¿Te duelen las muelas? 6. Inés es la chica del pelo largo que está en la primera fila. 7. Mi hermano Pedro es taxista. 8. ¿Hay limonada? 9. La policía acudió rápidamente al lugar del atraco. 10. Los niños de hoy en día ven demasiado la televisión. 11. Me gustan los macarrones. 12. Todos los alumnos hicieron el ejercicio 8 correctamente.
9. 1. ¿A qué hora quedamos? 2. Te espero en casa. 3. Estoy en el bus. 4. Cuando llegue te llamo y hablamos. 5. Hola, ¿qué tal? ¿Nos vemos luego y tomamos un café? 6. Lo siento, pero no puedo. Besos.